V&R

Sylvia Kaiser-Berger

Ich vertrete Reli

Fertige Stunden für die Sek I

Viele kreative Unterrichtsvorschläge mit Kopiervorlagen

Vandenhoeck & Ruprecht

Mit 73 Abbildungen

Bibliografische Information der Deutschen Nationalbibliothek

Die Deutsche Nationalbibliothek verzeichnet diese Publikation in der Deutschen Nationalbibliografie; detaillierte bibliografische Daten sind im Internet über http://dnb.d-nb.de abrufbar.

ISBN 978-3-525-77690-2

Weitere Ausgaben und Online-Angebote sind erhältlich unter: www.v-r.de

Die Bibelzitate auf S. 10, 12, 44, 53 und Jesaja 49,15 auf S. 65 stammen aus:
Lutherbibel, revidierter Text 1984, durchgesehene Ausgabe, © 1999 Deutsche Bibelgesellschaft, Stuttgart

Umschlagabbildung: © kstudija/fotolia.com

Satz: SchwabScantechnik, Göttingen
Druck und Bindung: ⊕ Hubert & Co GmbH & Co. KG, Robert-Bosch-Breite 6, D-37079 Göttingen

Gedruckt auf alterungsbeständigem Papier.

Inhalt

Für die 7. und 8. Jahrgangsstufe

Für die 9. und 10. Jahrgangsstufe

Einleitung

Häufig sind Lehrkräfte in der Situation kurzfristig Vertretungsunterricht geben zu müssen. Mit diesem Heft möchte ich Ihnen dabei helfen, mit wenig Zeit und Aufwand kreative Stunden vorzubereiten, die Spaß machen, interessant und ertragreich sind.

Für diese Vertretungsstunden finden Sie unterschiedliche didaktisch-methodische Zugänge sowie passgenaue Kopiervorlagen. Die Vorschläge sind je für eine Unterrichtsstunde konzipiert und eignen sich durchaus auch für einen regulären Einsatz im Religionsunterricht - besonders auch für Freiarbeit. Zu jedem Thema der Lehrpläne für die Klassen 5–10 gibt es ein oder mehrere Angebote, die für alle Schularten geeignet sind.

Oft wird für eine Stunde weißes Papier benötigt. Dazu eignet sich z. B. Kopierpapier, das an jeder Schule schnell greifbar ist. Die Blätter sollten gelocht sein. Die entstandenen Bilder können dann beispielsweise als Deckblatt für den Religionsordner benutzt oder im Klassenzimmer aufgehängt werden.

Die Ideen für die Vertretungsstunden in diesem Band sind in im evangelischen Religionsunterricht in Gruppen von 12–24 Schülern[1] entstanden, da die Protestanten an meiner Schule, der Maria-Ward-Realschule in Augsburg, als einer katholischen Schule eine Minderheit bilden. Die Gestaltungsvorschläge sind auch auf größere Gruppen übertragbar, allerdings ist der Aufwand zum Teil größer.

Viele Anregungen zum kreativen Gestalten verdanke ich meiner Zusatzausbildung als Kunsttherapeutin, die ich bei der Apakt (Arbeitsgemeinschaft für psychoanalytische Kunsttherapie) München[2] gemacht habe. Manche Methoden sind direkt übernommen, z. B. das Soziogramm, andere habe ich speziell für den Religionsunterricht aus bekannten Methoden entwickelt. Da es Methoden der Kunsttherapie sind, unterscheiden sie sich von den Arbeitsweisen im Kunstunterricht.

Herzlich danke ich meiner Lektorin Elisabeth Schreiber für die Anregung zu diesem Buch und die konstruktive Zusammenarbeit.

Ich wünsche Ihnen viel Freude mit diesem Band!

Ihre Sylvia Kaiser-Berger

[1] In der maskulinen Form »Schüler« sind der Kürze halber immer beide Geschlechter eingeschlossen.

[2] Interessenten an einer kunsttherapeutischen Zusatzausbildung empfehle ich: Institut Apakt München GbR, Ysenburgstraße 7, 80634 München; Homepage: www.apakt-muenchen.de; E-Mail: info@apakt-muenchen.de.

Ein eigenes Wappen gestalten

Lehrplanbezug: **Wer bin ich?** Einsetzbar in allen Klassen
Materialen: Weiße Blätter A4 gelocht, Buntstifte
Methoden: Malen, Präsentation vor der Klasse

Verlauf der Stunde

Den Schülern wird zu Beginn der Stunde ein weißes Blatt ausgeteilt. Der Lehrer zeichnet die Form eines Wappens an die Tafel. Die Schüler erhalten den Auftrag, es mit ihren Hobbys, Haustieren, weiteren persönlichen Interessen zu gestalten. Es entstehen sehr verschiedene und zum Teil auch sehr schöne Wappen.

Anschließend stellen sich die Schüler einzeln vor der Klasse mit ihrem Werk vor. Je nach Größe der Unterrichtsgruppe kann sich in dieser Stunde ggf. nur ein Teil der Klasse vorstellen. Die Wappen können an eine Pinnwand gehängt oder als Deckblatt für einen Ordner benutzt werden.

Initialen des eigenen Namens gestalten

Lehrplanbezug: **Wer bin ich?** Einsetzbar in allen Klassen
Materialen: Weiße Blätter A4 gelocht, Buntstifte
Methoden: Malen, Präsentation vor der Klasse

Verlauf der Stunde

Der Lehrer teilt die Blätter an die Schüler aus. Er gibt ihnen den Auftrag, darauf den Anfangsbuchstaben des Vornamens oder die Initialen des Vor- und Nachnamens zu gestalten. Die konkrete Form der Gestaltung bleibt den Schülern selbst überlassen und kann von abstrakten bis zu figürlichen Darstellungen reichen. Danach kann man alle Bilder auf den Boden legen und gemeinsam betrachten.

Die Bilder können im Klassenzimmer aufgehängt oder als Deckblatt für einen Ordner verwendet werden.

Kreuze entwerfen

Lehrplanbezug: **Jesus Christus,** einsetzbar in allen Klassen
Materialen: Weiße Blätter A4 gelocht oder Heft, Buntstifte
Methoden: Malen, Präsentation vor der Klasse

Verlauf der Stunde

Die Schüler bekommen den Auftrag, ins Heft über eine ganze Seite oder auf das Blatt ein Kreuz ohne Korpus zu gestalten. Die konkrete Form der Gestaltung bleibt den Schülern selbst überlassen und hängt von ihren jeweiligen Assoziationen ab. Es entstehen ganz unterschiedliche Kreuze. Anschließend kann jeder sein Kreuz vorstellen und erzählen, was er sich dabei gedacht hat.

Friedenshoffnungen aus dem Alten Testament malen

Lehrplanbezug: **Krieg und Frieden, Utopien,** einsetzbar in allen Klassen
Materialen: Weiße Blätter A4 gelocht, Buntstifte, Kopiervorlage (M1), evtl. Bibeln
Methoden: Malen, Präsentation vor der Klasse

Verlauf der Stunde

Den Schülern werden das Blatt mit den Bibelstellen (M1) und das weiße Papier ausgeteilt. Sie gestalten künstlerisch-frei eine der Stellen. Dann zeigt jeder sein Bild und erklärt es kurz – oder die Bilder werden auf den Boden gelegt und besprochen.

Alternativ: Der Lehrer schreibt die fünf Bibelstellen *(Jesaja 2,2–4, Jesaja 9,1–4, Jesaja 11,6–8, Psalm 46,9–10, Sacharja 9,10)* an die Tafel und teilt die weißen Blätter aus. Die Schüler schlagen die Stellen in der Bibel nach, entscheiden sich dann für eine Bibelstelle, die sie künstlerisch gestalten möchten. Am Ende erläutert jeder kurz sein Bild.

Die Bilder können für alle sichtbar aufgehängt oder als Deckblatt im Heft genutzt werden.

M1 Friedenstexte aus dem Alten Testament

Jesaja 2,2–4:
Es wird zur letzten Zeit der Berg, da des HERRN Haus ist, fest stehen, höher als alle Berge und über alle Hügel erhaben, und alle Heiden werden herzulaufen, und viele Völker werden hingehen und sagen: Kommt, lasst uns auf den Berg des HERRN gehen, zum Hause des Gottes Jakobs, dass er uns lehre seine Wege und wir wandeln auf seinen Steigen! Denn von Zion wird Weisung ausgehen und des HERRN Wort von Jerusalem. Und er wird richten unter den Heiden und zurechtweisen viele Völker. Da werden sie ihre Schwerter zu Pflugscharen und ihre Spieße zu Sicheln machen. Denn es wird kein Volk wider das andere das Schwert erheben, und sie werden hinfort nicht mehr lernen, Krieg zu führen.

Jesaja 9,1–4:
Das Volk, das im Finstern wandelt, sieht ein großes Licht, und über denen, die da wohnen im finstern Lande, scheint es hell. Du weckst lauten Jubel, du machst groß die Freude. Vor dir wird man sich freuen, wie man sich freut in der Ernte, wie man fröhlich ist, wenn man Beute austeilt. Denn du hast ihr drückendes Joch, die Jochstange auf ihrer Schulter und den Stecken ihres Treibers zerbrochen wie am Tage Midians. Denn jeder Stiefel, der mit Gedröhn dahergeht, und jeder Mantel, durch Blut geschleift, wird verbrannt und vom Feuer verzehrt.

Jesaja 11,6–8:
Da werden die Wölfe bei den Lämmern wohnen und die Panther bei den Böcken lagern. Ein kleiner Knabe wird Kälber und junge Löwen und Mastvieh miteinander treiben. Kühe und Bären werden zusammen weiden, dass ihre Jungen beieinander liegen, und Löwen werden Stroh fressen wie die Rinder. Und ein Säugling wird spielen am Loch der Otter, und ein entwöhntes Kind wird seine Hand stecken in die Höhle der Natter.

Psalm 46,9–10:
Kommt her und schauet die Werke des HERRN, der auf Erden solch ein Zerstören anrichtet, der den Kriegen steuert in aller Welt, der Bogen zerbricht, Spieße zerschlägt und Wagen mit Feuer verbrennt.

Sacharja 9,10:
Denn ich will die Wagen wegtun aus Ephraim und die Rosse aus Jerusalem, und der Kriegsbogen soll zerbrochen werden. Denn er wird Frieden gebieten den Völkern, und seine Herrschaft wird sein von einem Meer bis zum andern und vom Strom bis an die Enden der Erde.

Malen nach Psalmen

Lehrplanbezug: **Immer,** einsetzbar in allen Klassen
Materialen: Weiße Blätter A4 gelocht oder Heft, Buntstifte, Bibeln
Methoden: Malen und Schreiben, Präsentation vor der Klasse

Verlauf der Stunde

Teilen Sie die Bibeln und die Blätter aus. Lassen Sie die Schüler Psalmen lesen und Stellen, die ihnen gefallen, in Zierschrift schreiben und malen.

Wenn Sie für die Schüler eine Vorauswahl treffen möchten, hier einige Beispielstellen:

- Wichtige *Hymnen* sind *Psalm 8; 33; 100; 104; 136; 148–150.*
- Zu den wichtigen *Klageliedern* gehören *Psalm 6; 13; 22; 44; 60; 74; 79–80; 130.*
- *Danklieder* sind *Psalm 9; 30; 32; 107.*
- Zu den *Liturgien* gehören *Psalm 15; 20; 24; 115; 118.*

Gegen Ende der Stunde können die Schüler sich ihre Ergebnisse gegenseitig vorstellen.

Beispiel für den Beginn eines gestalteten Psalms

Mandalas entwerfen

Lehrplanbezug: **Immer,** einsetzbar in allen Klassen
Materialen: Weiße Blätter A4 gelocht oder Heft, Buntstifte
Methoden: Malen, Präsentation vor der Klasse

Verlauf der Stunde

Lassen Sie die Schüler selbst ein individuelles Mandala entwerfen und ausmalen. Ein Mandala wird um einen Mittelpunkt von innen nach außen gestaltet und kann viele Formen haben.

Wurde auf lose Blätter gemalt, kann man sie anschließend in der Klasse aufhängen – das ergibt sicher ein schönes Bild.

Assoziationen zu Gottesebenbildlichkeit

Lehrplanbezug: **Immer,** einsetzbar in allen Klassen
Materialen: Weiße Blätter A4 gelocht oder Heft, Buntstifte, Bibeln
Methoden: Malen, Präsentation vor der Klasse, Unterrichtsgespräch

Verlauf der Stunde

Teilen Sie die Bibeln und die Blätter aus und lesen Sie mit den Schülern 1. Mose 1,27. Lassen Sie die Schüler den Satz auf das Blatt schreiben und dann assoziativ dazu malen.

Alternativ: Wenn keine Bibeln zur Hand sein sollten, schreiben Sie den Bibeltext an die Tafel:

> *1. Mose 1,27:*
>
> Und Gott schuf den Menschen zu seinem Bilde, zum Bilde Gottes schuf er ihn; und schuf sie als Mann und Frau.

Die Bilder können vorgestellt werden. Daran anschließen kann ein Gespräch über die theologische These, dass die Würde des Menschen in der Gottesebenbildlichkeit und der damit verbundenen Gleichheit der Menschen und nicht in der Leistung wurzelt: Umgang mit denen, die nicht viel leisten können, vorgeburtliche Diagnostik und Sterbehilfe …

Man kann auch auf den Umgang des Menschen mit der Erde zu sprechen kommen: Stichwort Ausbeutung und Umweltschutz.

Michelangelo: Die Erschaffung Adams, Fresko in der Sixtinischen Kapelle ca. 1511

Schreiben – viele Möglichkeiten

Lehrplanbezug: **Alle Themen,** einsetzbar in allen Klassen
Materialen: Blätter oder Hefte, Stifte
Methoden: In EA, PA oder GA schreiben, Präsentation vor der Klasse

Verlauf der Stunde

Lassen Sie die Schüler zum jeweiligen Lehrplanthema, bei dem sie sich gerade befinden, schreiben. Das Thema sollte offen gestellt werden, z. B. Schöpfung, Frage nach Gott, … Schreiben Sie mögliche Textformen an die Tafel:

Elfchen

(Gedicht aus elf Wörtern)

1–
2–3–
4–5– 6–
7–8– 9–10–
11–

Beispiel:

Hilfe
der Dino
ist sehr groß
er wird mich fressen
Rettung

Akrostichon:

Das Thema wird senkrecht untereinander geschrieben

Z. B.

S
C
H
O
E
P
F
U
N
G

Die Schüler schreiben dann ein passendes Wort zu jedem Buchstaben, z. B.: Seeadler, Chamäleon … Oder auch ganze Sätze, z. B.: Scholle, die esse ich gern …

ABC

Eine weitere Textform ist ein *ABC* zu einem Thema zu schreiben. Die Buchstaben des Alphabets werden untereinander geschrieben Darauf folgt zu jedem Buchstaben ein zum Thema passendes Wort, z. B. beim Thema Schöpfung: Aale, Bären, Chrysanthemen, Dachse, Esel …

Chat

Geben Sie den Auftrag, einen WhatsApp- oder Facebook-Chat zu einem Thema, das die Schüler gerade beschäftigt oder elementar ist wie Freundschaft, Liebe, Konflikte etc. zu schreiben. Das entspricht ihrer Lebenswelt und sie werden schöne Texte schreiben.

Z. B.:

Ist Max da?
Grad net!
Gut, dann halt net.
Er spielt grad … und kämpft gegen …
Glaubst du, dass es in real mal Monster gab?
Nee, aber das wär chillig.

Brief, Tagebucheintrag, Geschichte, innerer Monolog

Ein *Brief*, ein *Tagebucheintrag*, eine *Geschichte* oder ein *innerer Monolog* sind weitere mögliche Textformen. Nachdem Sie diese vorgestellt haben, dürfen die Schüler sich eine Textform aussuchen und in dieser schreiben. Die Schüler können einzeln, zu zweit oder in Gruppen schreiben. Dann stellen sie ihre Ergebnisse vor der Klasse vor. Das Schreiben in diesen Textformen kann bei vielen Themen eingesetzt werden, um sie mit dem eigenen Leben zu verknüpfen, z. B. zu Familie, Freundschaft, Festen, Liebe, Rache, Bergpredigt (Mt 5–7), … Es entstehen sehr unterschiedliche und individuelle Texte, die Vielfalt ist immer ein Anlass zur Freude.

Wenn die Schüler das öfter machen, braucht der Lehrer die Textformen nicht mehr vorzustellen, es genügt daran zu erinnern.

Zur Zeit:
Sollten manche früh fertig sein, z. B. nach dem Verfassen eines Akrostichons oder eines Elfchens, sollen sie einen weiteren Text verfassen.

Ein Tipp am Rande:
Gereimte Gedichte zu schreiben ist auch eine Möglichkeit, aber schwerer als die hier vorgestellten Textformen.

Tiere in der Bibel

Lehrplanbezug: **Schöpfung,** einsetzbar in Klasse 5–8
Materialen: Kopiervorlage (M2), Bibeln, Hefte, Stifte
Methoden: Arbeitsblatt bearbeiten, Unterrichtsgespräch, Malen, Schreiben

Verlauf der Stunde

Geben Sie die Kopiervorlage am Anfang der Stunde aus und lassen Sie die Schüler in Einzelarbeit die Bibelstellen nachschlagen und das Arbeitsblatt ausfüllen. Wer früh fertig ist, kann von den recherchierten Tieren sein Lieblingstier malen oder eine der ihm bekannten biblischen Geschichten, in denen eins der Tiere vorkommt, in eigenen Worten aufschreiben. Je nachdem wie lange die Schüler brauchen, schließt sich der Mal- oder Schreibaufrag für alle an.

Am Ende der Stunde können im Unterrichtsgespräch die Geschichten, die hinter den Tieren stehen, zusammengetragen werden. Manche kennen die Schüler, andere kann die Lehrperson ergänzen.

Die Schüler können die Geschichten, die sie verfasst haben, vorlesen.

Lösungen:

1) Fische – Vögel
2) Schlange
3) reine und unreine Tiere, Vögel und Gewürm je ein Paar
4) Rabe, Taube
5) Kamel
6) Widder
7) Frösche
8) Stechmücken
9) Heuschrecken
10) Schafe, Ziegen
11) Wachteln
12) Rind, Esel
13) Schafe
14) Kalb
15) Gämsen und Hirschkühe, Wildstier, Strauß, Ross, Falke, Adler
16) Gazelle, junger Hirsch
17) Fuchs
18) Vögel, Reiher, Steinbock, Klippdachs
19) Schwalbe
20) Löwen
21) Säue
22) Esel

M 2 Tiere der Bibel

1) 1. Mose 1,20–23: Welche Tiere werden am 5. Tag geschaffen?

2) 1. Mose 3,1: Das listigste Tier:

3) 1. Mose 7,7–9: Welche Tiere kommen in die Arche?

4) 1. Mose 8, 6–8: Welche Vögel ließ Noah hinausfliegen?

5) 1. Mose 31,17–18: Von welchem Transporttier ist hier die Rede?

6) 1. Mose 22,12–13: Dieses Tier sollte Abraham opfern:

7) 2. Mose 7,26–29: Eine der Plagen in Ägypten:

8) 2. Mose 8,12: Auch eine Plage:

9) 2. Mose 10,12: Noch eine Plage:

10) 2. Mose 12,4–6: Von welchen Tieren ist hier die Rede?

11) 2. Mose 16,13: Mit diesen Tieren ernährte Gott sein Volk in der Wüste:

12) 2. Mose 20,17: Folgende Tiere werden in den 10 Geboten erwähnt:

13) 2. Mose 29,38–39: Opfertiere waren:

14) 2. Mose 32,3–4: Götzenbild der Israeliten:

15) Hiob 39,1/9/13/19/26/27: Gott ist Schöpfer von:

16) Hoheslied 2,9: Ein Freund wird verglichen mit:

17) Hoheslied 2,15: Dieses Tier gibt es auch bei uns:

18) Psalm 104,17–18: Gott wird gepriesen als Schöpfer von:

19) Sprüche 26,2: Ein Zugvogel:

20) Daniel 6,17: Zu diesen Tieren wurde Daniel geworfen:

21) Matthäus 8,30: Hier ist die Rede von:

22) Matthäus 21,4–5: Auf diesem Tier zog Jesus in Jerusalem ein:

Biblische Gestalten

Lehrplanbezug: **Schöpfung, Vätergeschichten, Königsgeschichten, Jesus Christus,** einsetzbar für Klasse 5–8
Materialien: Kopiervorlage (M3), Stifte, Bibeln, Hefte
Methoden: Arbeitsblatt ausfüllen, Schreiben, Unterrichtsgespräch

Verlauf der Stunde

Teilen Sie die Kopiervorlage aus, und lassen Sie die Schüler in Einzelarbeit die Bibelstellen nachschlagen und das Arbeitsblatt ausfüllen. Wer früh fertig ist, kann eine ihm bekannte biblische Geschichte, die mit einer der Personen zu tun hat, in eigenen Worten ins Heft schreiben. Im Unterrichtsgespräch kann dann zusammengetragen werden, wer die Leute sind. Einige werden die Schüler kennen, andere kann die Lehrkraft ergänzen.

Adam und Eva, Otto Müller 1918

Lösungen:

1) Adam
2) Eva
3) Kain
4) Abel
5) Noah
6) Abraham und Sara
7) Isaak
8) Jakob
9) Josef
10) Mose
11) Saul
12) Jonatan
13) Isai
14) David
15) Elia
16) Ester
17) Jesus, Simon, Andreas
18) Jakobus, Johannes, Zebedäus
19) Johannes
20) Kaiphas
21) Judas
22) Petrus
23) Pilatus
24) Herodes, Zacharias, Elisabeth
25) Johannes
26) Kornelius
27) Barnabas, Paulus
28) Lydia (Paulus)
29) Phöbe
30) Priska, Aquila

M 3 Biblische Gestalten

1) 1. Mose 3,8:

2) 1. Mose 3,20:

3) 1. Mose 4,3:

4) 1. Mose 4,4:

5) 1. Mose 6,9:

6) 1. Mose 18,6:

7) 1. Mose 26,12:

8) 1. Mose 33,17:

9) 1. Mose 41,48:

10) 2. Mose 3,1:

11) 1. Samuel 9,2:

12) 1. Samuel 14,4:

13) 1. Samuel 16,3:

14) 1. Könige 1,1:

15) 2. Könige 1,9:

16) Ester 5,1:

17) Matthäus 4,18:

18) Matthäus 4,21:

19) Matthäus 11,2:

20) Matthäus 26,3:

21) Matthäus 26,47:

22) Matthäus 26,58:

23) Matthäus 27,24:

24) Lukas 1,5:

25) Lukas 1,60:

26) Apostelgeschichte 10,1:

27) Apostelgeschichte 15,25:

28) Apostelgeschichte 16,14:

29) Römer 16,1:

30) Römer 16,3:

Schlage die angegebenen Stellen in der Bibel nach und schreibe dahinter den Namen der Person, um die es sich handelt.

Ein Rätsel zur Schöpfung

Lehrplanbezug: **Schöpfung,** einsetzbar in Klasse 5–8
Materialien: Kopiervorlage (M4), Bibeln, Stifte
Methoden: Rätsel ausfüllen, Unterrichtsgespräch

Verlauf der Stunde

Lassen Sie die Schüler die angegebenen Stellen in der Bibel nachschlagen und das Rätsel ausfüllen (die Lösungen des Rätsels basieren auf der Lutherbibel). Daran kann sich ein Unterrichtsgespräch anschließen, warum es so unterschiedliche Angaben über die Erschaffung des Menschen am Anfang der Bibel gibt. Das Wissen über den 1. und 2. Schöpfungsbericht kann wiederholt werden. Es kann auch der Auftrag des Menschen im 1. Schöpfungsbericht (1. Mose 1,28) problematisiert werden. Die Schüler können Beispiele finden, was es heute heißt, die Erde zu bebauen und zu bewahren. Wenn einige Schüler früher fertig sind oder wenn noch Zeit bleibt, können alle dies auch schriftlich im Heft festhalten.

Lösungen:

1) Licht/Finsternis
2) Walfische/Voegel
3) Gott schuf den Menschen zu seinem Bilde
4) Pflanzen, die Samen bringen/Baeume mit Fruechten
5) Erde vom Acker/Odem des Lebens
6) bebaute und bewahrte
7) pflanzte einen Garten in Eden
8) Seid fruchtbar, mehret euch, fuellet die Erde und macht sie euch untertan
9) Baum der Erkenntnis des Guten und Boesen
10) aus der Rippe des Menschen
11) Pischon
12) Garten Eden

Lösungswort: **Schoepfung**

Garten Eden von Adi Holzer, 2012

M4 Ein Bibelrätsel

1) 1. Mose 1,3–5 Was wird am ersten Tag voneinander getrennt?
2) 1. Mose 1, 20–22 Welche großen Tiere im Wasser und
   welche Tiere in der Luft werden am 5. Tag geschaffen?
3) 1. Mose 1,27 Was erfährst du über die Erschaffung des Menschen?
4) 1. Mose 1,29 Was darf der Mensch essen?
5) 1. Mose 2,7 Wie macht Gott den Menschen?
6) 1. Mose 2,15 Wie soll der Mensch mit der Erde umgehen?
7) 1. Mose 2,8 Was macht Gott?
8) 1. Mose 1,28 Wie lautet der Auftrag des Menschen?
9) 1. Mose 2,17 Von welchem Baum darf der Mensch nicht essen?
10) 1. Mose 2,22 Woraus wird die Frau geschaffen?
11) 1. Mose 2,10–11 Wie heißt der erste Hauptarm des Stroms von Eden?
12) 1. Mose 2,15 Wohin setzt Gott den Menschen?

1) _ _ _ _ _ _ / _ _ _ _ _ _ _ _ _ □

2) _ _ _ _ _ _ _ □ _ _ _ / _ _ _ _ _ _ _ _

3) _ _ _ _ _   _ _ □ _ _   _ _ _ _   _ _ _ _ _ _ _ _ _ _ _   _ _   _ _ _ _ _ _ _ _
_ _ _ _ _ _ _

4) _ _ _ _ _ _ _ _ _ _ _, _ _ _ _   _ _ _ _ _ _ _   _ _ _ _ _ _ _ _ _ _ / _ _ _ _ _ _ _ _
_ _ _ _   _ _ _ _ _ _ _ _ _ _ _ _

5) _ _ _ _ _   _ _ _ _   _ _ _ _ _ _ _ / □ _ _ _ _   _ _ _ _   _ _ _ _ _ _ _ _ _

6) _ □ _ _ _ _ _ _ _   _ _ _ _   _ _ _ _ _ _ _ _ _ _ _

7) □ _ _ _ _ _ _ _ _ _   _ _ _ _ _ _ _   _ _ _ _ _ _ _ _   _ _   _ _ _ _ _

8) _ _ _ _ _   □ _ _ _ _ _ _ _ _ _ _ _, _ _ _ _ _ _ _ _   _ _ _ _ _ _,
_ _ _ _ _ _ _ _ _ _   _ _ _ _   _ _ _ _ _   _ _ _ _   _ _ _ _ _ _ _   _ _ _ _
_ _ _ _ _   _ _ _ _ _ _ _ _ _ _ _

9) _ _ □ _   _ _ _ _   _ _ _ _ _ _ _ _ _ _ _ _ _ _   _ _ _ _   _ _ _ _ _ _ _   _ _ _ _
_ _ _ _ _ _ _ _

10) _ _ _ _   _ _ _ _   _ _ _ _ _ _ _   _ _ _ _   _ _ _ _ _ _ _ _ _ _ _

11) _ _ _ _ _ _ _ _ □

12) □ _ _ _ _ _ _ _   _ _ _ _ _

Lösungswort: ____________________

Schlage in der Bibel nach und trage die Ergebnisse in die Lücken ein. Die Buchstaben in den Kästchen ergeben das Lösungswort.
Hinweis: »Ä« und »Ö« trägst du als »AE« und »OE« ein.

Frauen in der Bibel

Lehrplanbezug: **Vätergeschichten, Exodus, Königsgeschichten, Jesus Christus, Paulus,** einsetzbar in Klasse 7–10
Materialien: Bibeln, Hefte, Stifte, Kopiervorlage (M5)
Methoden: Arbeitsteilig Bibelstellen zusammenfassen, Präsentation vor der Klasse

Verlauf der Stunde

Teilen Sie die Bibeln aus und schreiben Sie die Bibelstellen an die Tafel oder teilen Sie die Kopien aus. *Tamar, Rahab, Batseba* können von je einem Schüler bearbeitet werden. Die Themen *Rut, Jesus und die Frauen* und *Frauen bei Paulus* können sich je zwei Schüler teilen, das Buch *Ester* kann von 4–5 Schülern behandelt werden. Je nach Größe der Unterrichtsgruppe können die Themen auch doppelt vergeben werden. Anschließend bearbeiten die Schüler ihre Bibelstellen und stellen ihre Ergebnisse dann im Plenum vor.

Im Stammbaum Jesu kommen durchaus anrüchige Gestalten vor. *Tamar* verführt ihren Schwiegervater Juda, um schwanger zu werden, nachdem zwei seiner Söhne, die mit ihr verheiratet waren, gestorben sind, und er ihr die Ehe mit seinem dritten Sohn verweigert hat. Dieser muss dann sein Unrecht ihr gegenüber einsehen.

Rahab ist eine Dirne und *Batsebas* Mann Uria wird von David in die vorderste Reihe einer Schlacht gestellt, damit er fällt, und dieser sie zur Frau nehmen kann. Das erste Kind von David und Batseba muss wegen dieses Unrechts sterben, das zweite ist Salomo. Zwei Bücher der Bibel sind Frauen gewidmet.

Rut geht mit ihrer Schwiegermutter zurück in ihr Land, nachdem ihr Mann gestorben ist und heiratet dort Boas, der sich ihr gegenüber sehr korrekt verhält.

Ester rettet die Juden als persische Königin vor der Ermordung durch den intriganten Regierungsbeamten Haman. Daran erinnert das Purimfest.

Der Umgang *Jesu* mit *Frauen* ist erstaunlich unbefangen für seine Zeit. Frauen gehören zu seinem weiteren Jüngerkreis, mehrfach tritt er für Frauen ein. In seinen Gleichnissen beschreibt er die Alltagswelt – auch die von Frauen. Frauen stehen unter dem Kreuz, Frauen sind Zeuginnen der Auferstehung.

In den Gemeinden des *Paulus* spielen *Frauen* eine wichtige Rolle, sie werden Mitarbeiterinnen, sogar Jüngerinnen genannt. Sie stellen ihre Häuser für Treffen der Christen zur Verfügung und übernehmen Aufgaben in der Diakonie. Der Satz in 1. Korinther 14,33b–36, dass die Frau in der Gemeinde schweigen soll, stammt nach neuesten Erkenntnissen nicht von Paulus selbst, sondern wurde nachträglich eingefügt. Später wurden die Frauen in den Gemeinden zurückgedrängt.

M 5 Frauen in der Bibel

Frauen, die im Stammbaum Jesu bei Matthäus (1,1–17) erwähnt werden:
- *Tamar:* 1. Mose 38
- *Rahab:* Josua 2
- *Batseba:* 2. Samuel 11–12,25
- *Rut:* Buch Rut

Weitere Frauen der Bibel:
- *Ester:* Buch Ester
- *Jesus und die Frauen:* Lukas 8,1–3, Lukas 10,38–42, Lukas 13,10–17, Lukas 13,20–21, Matthäus 26,6–12, Johannes 8,1–11, Johannes 20,11–17, Matthäus 27,55–56
- *Frauen bei Paulus:* 1. Korinther 1,11, Apostelgeschichte 9,36; 12,12; 16,14f; 18,1–3 + 18,26; Römer 16,1–4 + 16,12; Philipper 4,2–4

Schlage in der Bibel nach und schreibe auf, was du über die jeweilige Frau/die jeweiligen Frauen erfährst.

Schüler entwerfen Rätsel

Lehrplanbezug: **Immer**
Materialien: Karierte Blockblätter, Stifte
Methoden: In PA oder GA Rätsel entwerfen und lösen

Verlauf der Stunde

Der Lehrer beauftragt die Schüler in Partner- oder Gruppenarbeit zum aktuellen Lehrplanthema auf einem karierten Blockblatt ein Rätsel zu entwerfen. Recht schnell gemacht sind z. B. *Lückentexte* oder *Kreuzworträtsel.*

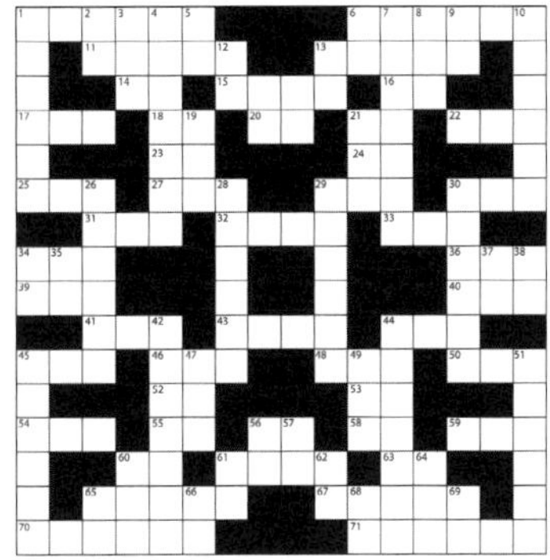

Auch gut geeignet sind *Wörtersuchspiele,* bei denen thematisch zusammenpassende Begriffe in ein großes Feld eingetragen werden. Die leeren Felder werden mit weiteren Buchstaben aufgefüllt.

Ein kleines Beispiel:

Wo sind die sieben Wörter versteckt? Markiere sie.

D	N	K	O	E	N	I	G	E	G	R	M
M	A	R	I	A	D	V	Q	X	Z	L	K
C	S	I	N	Y	Z	J	E	S	U	S	M
U	F	P	S	I	J	O	S	E	F	P	W
I	G	P	V	A	D	V	E	N	T	A	F
K	W	E	I	H	N	A	C	H	T	E	N

Josef
Advent
Maria
Koenige
Krippe
Weihnachten
Jesus

Bilderrätsel sind eine weitere kreative Möglichkeit des Rätselentwerfens. Ein Beispiel für die heiligen drei Könige könnte sein:

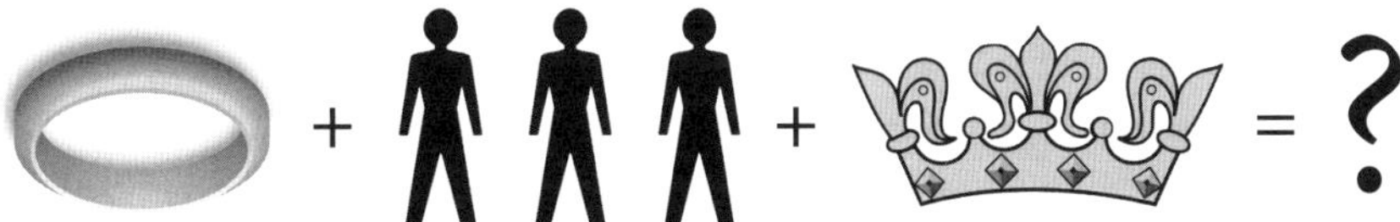

Das Entwerfen von Rätseln setzt voraus, dass bereits Stoff zum Thema durchgenommen wurde. Falls nicht, lassen Sie die Schüler zum Thema davor Rätsel entwerfen.

Wenn alle fertig sind, tauschen die Gruppen untereinander die Rätsel aus und lösen sie.

Falls noch Zeit bleibt, lassen Sie die Schüler ein dafür taugliches Element des Rätsels ins Heft malen.

Ein Beispiel beim Thema Schöpfung könnte ein Bild von Adam und Eva im Paradies sein oder weniger aufwändig ein Vogel, ein Fisch …

Gottesnamen aus Afrika gestalten

Lehrplanbezug: **Die Frage nach Gott**
Materialien: Buntstifte, Heft oder weiße Blätter A4, Kopiervorlage (M6)
Methoden: Text gemeinsam lesen, Namen unterstreichen, Malen

Verlauf der Stunde

Die Schüler lesen abwechselnd den Text vor. Anschließend werden folgende Gottesnamen im Text von allen unterstrichen:

Freund-auf-den-wir-uns-stützen-und-nicht-fallen
Du-Schöpfer-und-Spender-ewigquellender-Wasser
Prekese-Frucht, Freund-der-uns-speist

Die Schüler suchen sich einen der Namen aus und malen mit Buntstiften assoziativ ein Bild dazu, entweder über eine ganze Seite im Heft oder auf ein A4-Blatt. Letzteres sieht schöner aus.

Am Ende der Stunde können die Bilder nach Themen zusammengelegt und von allen gemeinsam betrachtet werden.

Wenn auf lose Blätter gemalt wurde, kann man sie auch an eine Pinnwand hängen und im Klassenzimmer aufhängen.

Den eigenen Namen auf Hebräisch, Altgriechisch und in Hieroglyphen schreiben

Lehrplanbezug: **Einführung in die Bibel**
Materialien: Buntstifte, Heft oder weiße Blätter A4, Kopiervorlage (M7)
Methoden: Schreiben, Malen

Verlauf der Stunde

Teilen Sie den Schülern die Kopiervorlage und ein weißes Blatt aus. Die Schüler sollen ihren Vornamen oder Vor- und Nachnamen in den Schriften der Kopiervorlage auf das Blatt schreiben. Anschließend können sie es mit Buntstiften gestalten. Zum Schluss können die gestalteten Blätter ausgelegt und z. B. in einem Rundgang betrachtet werden.

Das Alte Testament ist in hebräischer, das Neue in altgriechischer Sprache geschrieben. Der Beschreibstoff Papyrus stammt aus Ägypten, daher passen Hieroglyphen auch sehr gut zum Thema. Vielleicht ist das Alte Ägypten gerade auch Thema im Geschichtsunterricht und die Schüler können zu Beginn ein paar Hintergrundinformationen zu den Alten Ägyptern nennen.

Schülerinfo zum Hebräischen:
Die hebräische Schrift besteht ausschließlich aus Konsonanten, Vokale werden nicht mitgeschrieben, nur gesprochen. Ein Text verläuft von rechts nach links, nicht von links nach rechts wie im Deutschen. Das sollten die Schüler bedenken.

Tipp für die Hieroglyphen:
Die Schüler sollten versuchen, die einzelnen Hieroglyphen platzsparend und harmonisch zu arrangieren. So hätten es auch die alten Ägypter getan. Wer mag, kann seinen Namen zum Schluss wie die Pharaonen in eine Kartusche setzen.

M 6 Lied der Trommel

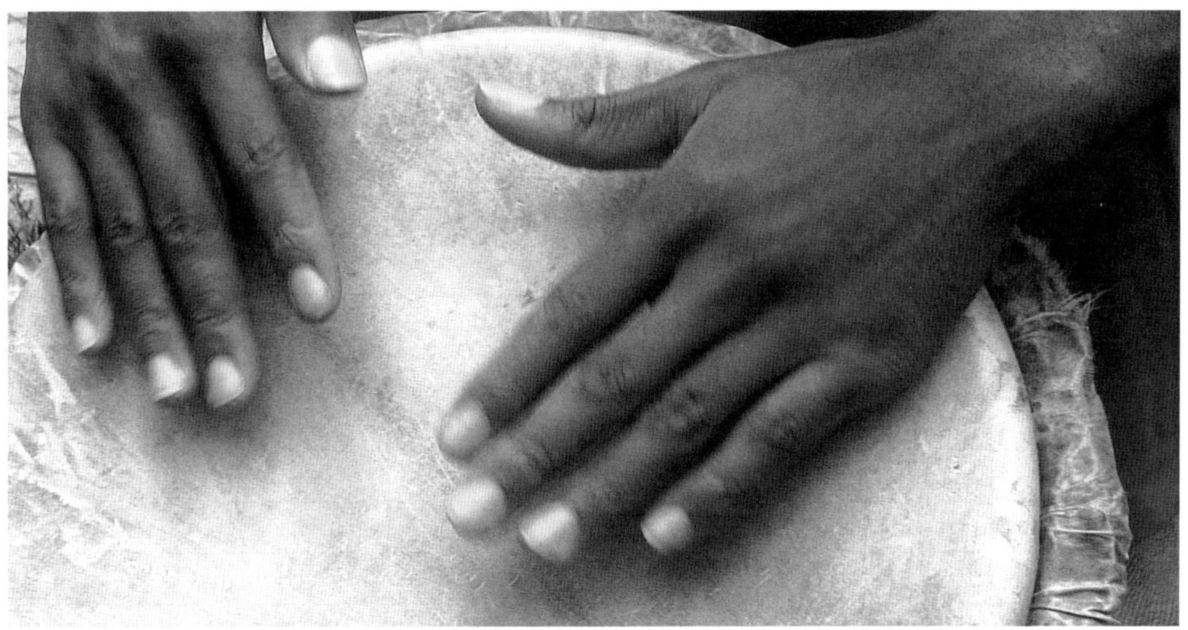

Merkt auf, o ihr Menschen!
Merkt auf den Trommler aus altem Ursprung:
Er ist erregt,
hat sich bereitet vor Gott – vor dem
Freund-auf-den-wir-uns-stützen-und-nicht-fallen,
vor dem Schöpfer-aller-Dinge, hört sein Gebet!

Du Freund-auf-den-wir-uns-stützen-
und-nicht-fallen,
wir rufen Dich an!
Mächtiger König, wir rufen Dich an!

Du-Schöpfer-
und-Spender-ewigquellender-Wasser,
wir rufen Dich an!
Wir rufen Dich an, Du Ende-der-Tage!
Darum komm, komm, komm!

Du Korb-der-nicht-leer-wird,
Du Den-wir-rufen-in-Zeiten-der-Not;
Du Prekese-Frucht, Freund-der-uns-speist,
Du Den-wir-spüren-
zu-Haus-und-in-der-Fremde,
Ohne Dich-nichts, nichts können wir tun.
Darum bitten wir, komm, komm, komm!

Du bist heilig, heilig, heilig!
Du Heiliger – gib uns Deinen reichen Segen!
Lass unsere Gemeinschaft gut für uns sein.
Unser Flehen hat er schon gehört.
Unser Bitten hat er schon erhört.

Darum danken wir Dir,
wir danken Dir, Du Gnädiger!
Wir danken Dir, Amen.
Du Gott,
Du Dem-man-nicht-genug-danken kann,
König der Könige, Fürst der Fürsten,
wir danken Dir, ja, wir danken Dir!

Gebet aus Ghana

Prekese-Frucht:
In Westafrika beheimatete Frucht,
die als Gewürz und Medizin verwendet wird.

M7 Alphabete

Hebräisch		
Name	*Zeichen*	*Laut*
Alef	א	–
Bet	ב	b, w/v
Gimmel	ג	g
Dalet	ד	d
Hé	ה	h
Vav	ו	v, o, u
Zaijn	ז	s, z
Cheth	ח	ch
Teth	ט	t
Jod	י	j, i
Kaf	כ	k, ch
Chaf-sofit	ך	ch
Lamed	ל	l
Mem	מ	m
Mem-sofit	ם	m
Nun	נ	n
Nun-sofit	ן	n
Samech	ס	ss
Aijn	ע	–
Pé	פ	p, f
Pé-sofit	ף	f
Zadi	צ	tz, ts
Zadi-sofit	ץ	tz
Qof/Kof	ק	k, q
Résch	ר	r
Schin	שׁ	sch, sh
Sin	שׂ	ss
Tav	ת	t

Griechisch		
Name	*Zeichen*	*Laut*
Alpha	Α, α	a
Beta	Β, β	b
Gamma	Γ, γ	g
Delta	Δ, δ	d
Epsilon	Ε, ε	e
Zeta	Ζ, ζ	z
Eta	Η, η	ē
Theta	Θ, θ	th
Iota	Ι, ι	i
Kappa	Κ, κ	k
Lambda	Λ, λ	l
My	Μ, μ	m
Ny	Ν, ν	n
Xi	Ξ, ξ	x
Omikron	Ο, ο	o
Pi	Π, π	p
Rho	Ρ, ρ	r
Sigma	Σ, σ	s
Tau	Τ, τ	t
Ypsilon	ϒ, υ	y
Phi	Φ, φ	ph
Chi	Χ, χ	ch
Psi	Ψ, ψ	ps
Omega	Ω, ω	ō

Altägyptische Hieroglyphen

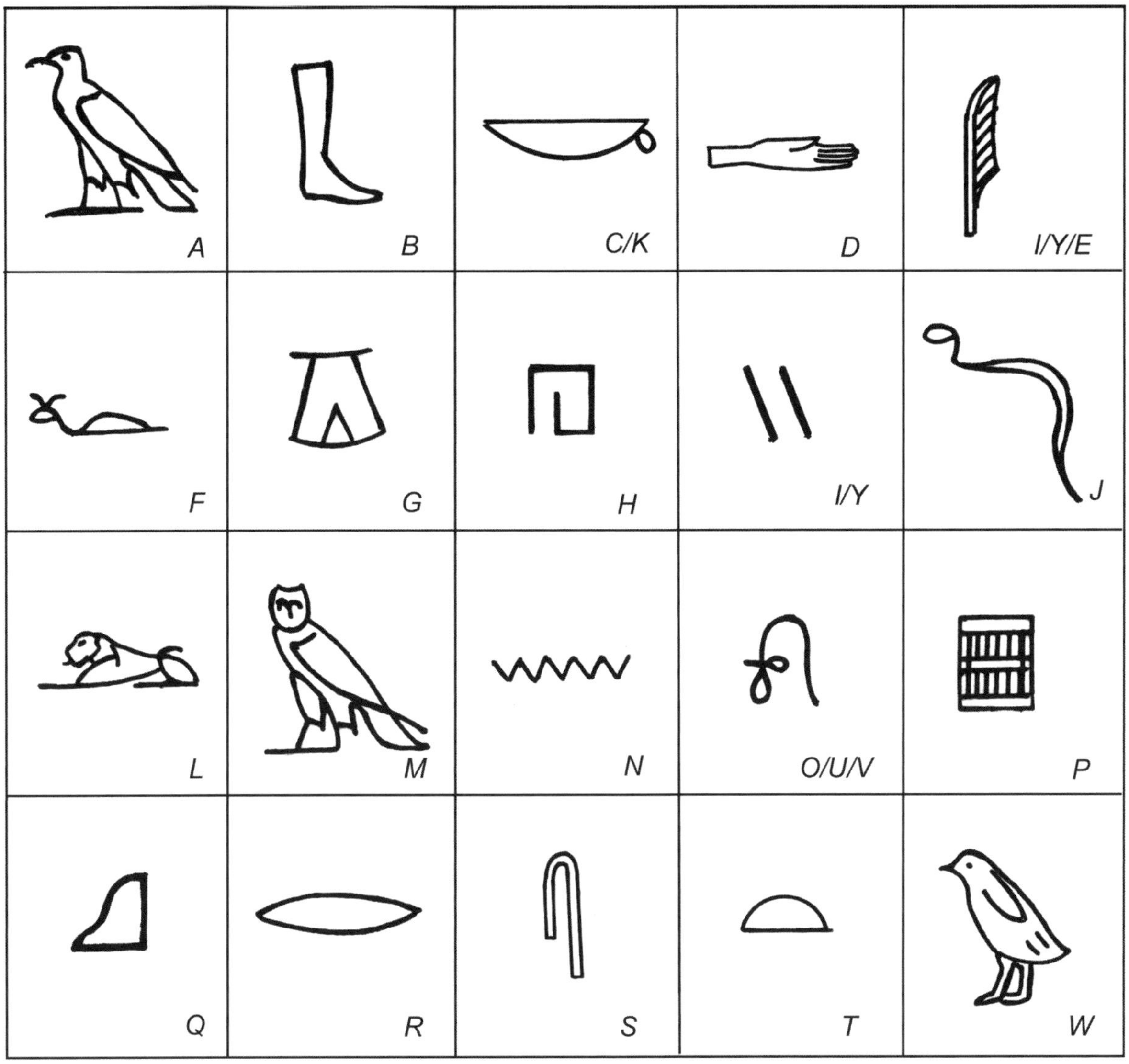

A	B	C/K	D	I/Y/E
F	G	H	I/Y	J
L	M	N	O/U/V	P
Q	R	S	T	W

Tipp: Die alten Ägypter hätten die Hieroglyphen nicht einfach »nur« aneinander gereiht. Versuch, die Zeichen platzsparend und in Verbindung miteinander anzuordnen. Du kannst einzelne Zeichen auch unterschiedlich groß zeichnen, wenn es ein schöneres Gesamtbild ergibt. Ein ganz einfaches Beispiel für den Namen »Anna«:

Statt:

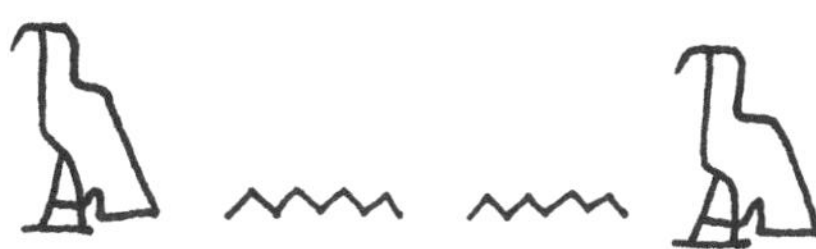

Besser:

Wer mag, kann seinen Namen zum Schluss wie die Pharaonen in eine Kartusche setzen:

Szenen der Königsgeschichten malen

Lehrplanbezug: **Königsgeschichten**
Materialien: Bunt- und Filzstifte, Heft oder weiße Blätter A4, ggf. Bibeln
Methoden: In EA oder GA malen

Verlauf der Stunde

Szenen der Königsgeschichten sind schon von vielen berühmten Malern wie Rembrandt oder Chagall gemalt worden. Jetzt malen sie die Schüler:

1) *David spielt die Harfe vor Saul* (1. Samuel 16,14–23)
2) *David und Goliath* (1. Samuel 17)
3) *David wird zum König gesalbt* (1. Samuel 16,1–13)
4) *David und Batseba* (2. Samuel 11)
5) *Das Urteil des Salomo* (1. Könige 3,16–28)

Schreiben Sie die Themen an die Tafel. Anschließend suchen sich die Schüler eine Szene aus und malen sie entweder über eine Seite im Heft oder auf das Blatt. Im Heft wird einzeln, auf dem Blatt auch in Partner- oder Gruppenarbeit gemalt. Alle Szenen sollten bearbeitet werden. Die Blätter können am Ende in der Klasse aufgehängt werden. Wenn nötig können die Schüler ihre Geschichten ggf. in der Bibel nachschlagen.

Zu Schöpfungspsalmen malen

Lehrplanbezug: **Schöpfung**
Materialien: Bunt- und Filzstifte, Heft oder weiße Blätter A4, Bibeln
Methoden: In EA malen

Verlauf der Stunde

Teilen Sie an die Schüler Bibeln und Blätter aus. Lesen Sie gemeinsam mit den Schülern *Psalm 8* (Offenbarung der Herrlichkeit Gottes am Menschen) und *Psalm 104* (Lob des Schöpfers). Dann suchen sie sich eine Stelle aus, die ihnen besonders gut gefällt und malen über eine ganze Seite.

Wer vor Stundenende fertig ist, malt eine weitere Stelle.

In Psalm 8 preist David Gott für seine Schöpfung. Er staunt über den Himmel, den Mond und die Sterne. Er hebt die besondere Stellung des Menschen innerhalb der Schöpfung hervor: Gott hat ihn wenig niedriger als sich selbst gemacht und ihm die Verantwortung über alle Tiere an Land, am Himmel und im Wasser übertragen.

Psalm 104 preist Gott als Schöpfer und führt die zahlreichen Werke auf, die er gemacht hat, wie: Erde, Wasser, Berge und Täler, Früchte, allerlei Tiere und viele weitere große Schöpfungen, über die Gott sich freut.

Schöpfung mit allen Sinnen erfahren

Lehrplanbezug: **Schöpfung**
Materialien: Mäppchen, Unterlage, Zettel z. B. A6
Methoden: Übungen im Freien, Malen

Verlauf der Stunde

Diese Stunde eignet sich am besten für den Frühling, Sommer oder Herbst. Gehen Sie mit Ihren Schülern in einen nahe gelegenen Park. Eventuell reicht auch der Schulhof, wenn es Bäume und Blumen gibt. Die Kinder sollen sich auf dem Gelände zu etwas stellen, das ihnen als besonders schön auffällt – eine Spur Gottes. Dann zeigen sich die Schüler gegenseitig, was sie entdeckt haben.

Übung Kamera: Die Gruppe teilt sich in Zweierpaare. Einer führt den anderen von hinten an den Schultern über das Gelände. Derjenige, der geführt wird, hat die Augen geschlossen. An besonders schönen Stellen sagt der Führende dem Vordermann, dass er die Augen kurz öffnen soll. Nach einer Weile tauschen die Partner ihre Rollen. Dann suchen sich die Kinder einen schönen Platz und malen auf einen Zettel, was ihnen am besten gefallen hat.

Sollte noch Zeit übrig sein, kann man *Ich sehe was, was du nicht siehst* spielen. Einer nennt eine Farbe, die anderen müssen raten, welches Objekt in der sichtbaren Umgebung er meint.

Einrichtungsgegenstände einer Kirche malen

Lehrplanbezug: **Kirche in unserer Heimat**
Materialien: Hefte oder weiße Blätter A4, Buntstifte
Methoden: Unterrichtsgespräch, Malen

Verlauf der Stunde

Falls es noch nicht thematisiert wurde, tragen Sie zusammen, welche Gegenstände zur Einrichtung einer evangelischen und/oder katholischen Kirche gehören.

Evangelisch:
Taufstein, Altar, Bibel, Kreuz, Kanzel, Orgel, Glocken.

Katholisch:
Taufstein, Altar, Bibel, Kreuz, Beichtstuhl, Tabernakel, ewiges Licht, Weihwasserbecken, Orgel, Glocken.

Dann sollen die Schüler diese Gegenstände in ihr Heft malen – nicht zu klein, nicht mehr als zwei auf eine Seite. Bei Verwendung von weißen Blättern kann auch arbeitsteilig gemalt werden – jeder malt ein Element. Dabei können die Schüler auch zu zweit oder in Gruppen arbeiten.

Die Arbeiten kann man dann im Klassenzimmer aufhängen.

Traumkirche entwerfen

Lehrplanbezug: **Kirche in unserer Heimat**
Materialien: Hefte, Buntstifte
Methoden: Unterrichtsgespräch, malen

Verlauf der Stunde

Sprechen Sie mit den Schülern über die Frage, wie für sie die ideale Kirche aussehen würde. Lassen Sie sie im Anschluss ihre Traumkirchen in ihre Hefte malen. Am Ende der Stunde können sie sich diese gegenseitig zeigen.

Mit genügend Zeit kann im Unterrichtsgespräch auf Gemeinsamkeiten und Unterschiede der Kirchen eingegangen werden.

Gestaltung von *Der Herr bei Abraham in Mamre*

Lehrplanbezug: **Abraham**
Materialien: Hefte, Buntstifte, Bibeln
Methoden: Bibelstelle lesen, Unterrichtsgespräch, malen

Verlauf der Stunde

Verteilen Sie die Bibeln und lassen Sie die Schüler 1. Mose 18,1–15 aufschlagen. Lesen Sie mit ihnen den Text.

Die Geschichte: Abraham sitzt vor seinem Zelt in Mamre. Gott erscheint ihm. Als er aufblickt, stehen dort drei Männer. Er läuft zu ihnen und sagt: »Wenn ich vor deinen Augen Gnade gefunden habe, Herr, geh nicht an mir vorüber.« Die drei Männer setzen sich vor dem Zelt hin und Abraham lässt ihnen Essen und Trinken bringen. Sie fragen nach Sara, seiner Frau. Dann sagt der Herr, er komme in einem Jahr wieder und dann hätte Sara einen Sohn zur Welt gebracht. Das hört diese zufällig im Zelt und lacht darüber, da sie und ihr Mann schon alt sind. Gott erzählt Abraham davon, dass Sara über eine Schwangerschaft in ihrem Alter gelacht habe und fragt, ob dem Herrn etwas unmöglich sein könnte.

Was fällt den Schülern daran auf? Hier ist manchmal von »der HERR« und manchmal von »drei Männern« die Rede. Dies ist die Form, in der Gott Abraham in der Geschichte erscheint. Diese Bibelstelle im Alten Testament wird übrigens auch auf die im Neuen Testament verkündete Trinität bezogen.

Lassen Sie die Schüler dann »Der Herr bei Abraham in Mamre« über eine ganze Heftseite schreiben und diesen Schriftzug dann mit passenden Symboliken, Bildern etc. gestalten.

Sollte noch Zeit übrig bleiben, wiederholen Sie zuerst die Abrahamgeschichte und lassen anschließend eine weitere Bibelstelle gestalten, z. B. 1. Mose 22,15–18: Abrahams Nachkommen werden so zahlreich sein wie die Sterne am Himmel.

Der Herr bei Abraham in Mamre, byzantinisches Mosaik in Monreale, Italien

Zu den *Zehn Geboten* malen

Lehrplanbezug: **Auszug aus Ägypten**
Materialien: Hefte, Buntstifte, Bibeln
Methoden: Bibelstelle lesen, Unterrichtsgespräch, Malen

Verlauf der Stunde

Verteilen Sie die Bibeln und lesen Sie mit den Schülern die Zehn Gebote in 2. Mose 20,2–17. Besprechen Sie mit den Schülern, warum Martin Luther das Bilderverbot in seiner Zählung der Zehn Gebote im Kleinen Katechismus weglässt und dafür das letzte Gebot zweiteilt. Luther war nicht der Meinung der Bilderstürmer seiner Zeit, die die Bilder aus den Kirchen verbannen wollten. Er hatte nichts gegen Bilder in der Kirche. Wörtlich übersetzt heißt »Du sollst dir kein Bildnis machen«: Du sollst dir kein Götterbild machen – wie es die anderen Völker haben. Die Bibel ist schließlich voller Gottesbilder (Vater, König, Hirte …). Wir können uns Gott nur in Bildern vorstellen, kein Bild kann Gott vollständig erfassen.

Schreiben Sie die Zehn Gebote in Luthers Zählung an die Tafel, die Schüler sollen sie ins Heft schreiben:

1) Keine anderen Götter haben,
2) den Namen nicht missbrauchen,
3) den Feiertag heiligen,
4) Vater und Mutter ehren,
5) nicht töten,
6) nicht ehebrechen,
7) nicht stehlen,
8) nicht lügen,
9) nicht begehren des Nächsten Haus,
10) nicht begehren des Nächsten Weib, Knecht, Magd, Vieh und alles, was ihm gehört.

Dann sollen sich die Schüler ein Gebot heraussuchen und dazu malen, z. B. Situationen, in denen das Gebot greift – wie das Ehren von Vater und Mutter sich darin widerspiegelt, wenn ein Kind nach dem Essen das Geschirr abräumt. Sollte Zeit übrig bleiben, können die Schüler sich mit einem weiteren Gebot auseinandersetzen.

Malen zu jüdischen Festen

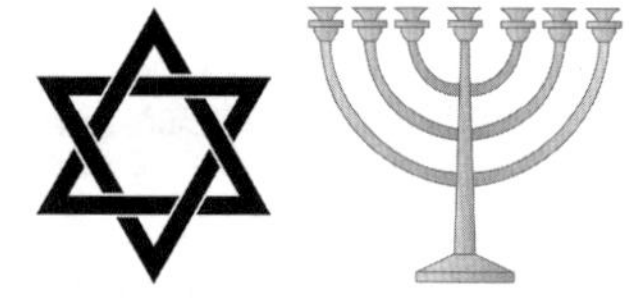

Lehrplanbezug: **Zeit und Umwelt Jesu, Judentum**
Materialien: Weiße Blätter oder Heft, Buntstifte
Methoden: Malen

Verlauf der Stunde

Lassen Sie zuerst die jüdischen Symbole »Davidstern« und »Menora« groß ins Heft oder auf ein Blatt malen – jeweils über mindestens eine halbe Seite. Dann können die Schüler auf weiteren Seiten Symbole zu ihnen bekannten jüdischen Festen malen. Beispielsweise:

Zu den bekanntesten jüdischen Festen gehört *Chanukka.* Ein Symbol für dieses Fest ist der *neunarmige Chanukkaleuchter.* Chanukka liegt etwa im gleichen Zeitraum wie Weihnachten und erinnert an die Wiedereinweihung des Tempels 164 v. Chr. Ein unversehrter Ölkrug wurde gefunden, mit dessen Öl wider Erwarten acht Tage lang ein Licht im Heiligtum brennen konnte.

Das *Purimfest* liegt im Februar oder März und erinnert an Königin Esthers Rettung der jüdischen Bevölkerung vor einem grausamen Edikt Hamans, des höchste Regierungsbeamten des persischen Königs Ahasveros, nach dem alle Juden im Land umgebracht werden sollten. Purim wird u. a. mit Maskenbällen begangen – hierzu kann man *Masken* gestalten.

Das jüdische Neujahrsfest *Rosch ha-Schana* liegt im Herbst. Der Ruf aus einem Widderhorn, dem *Schofar*, ruft zur Umkehr. Dieses kann als Symbol gemalt werden.

Zum Laubhüttenfest *Sukkot*, einem Erntefest im Herbst, kann man *Früchte der Ernte* wie Getreide, Weintrauben … gestalten.

Wenn am Ende der Stunde genug Zeit übrig bleibt, können die Bilder gemeinsam betrachtet werden.

Bibelarbeit zu den Speisegesetzen

Lehrplanbezug: **Zeit und Umwelt Jesu**
Materialien: Kopiervorlage (M8), Stifte, Bibeln
Methoden: Arbeitsblatt lösen

Verlauf der Stunde

Teilen Sie die Bibeln und Kopien des Arbeitsblattes aus. Die Schüler füllen es in Einzelarbeit aus. Es ergibt sich ein Widerspruch zwischen *1. Mose 1,29* – hier wird dem Menschen vegetarische Nahrung zugewiesen – und *3. Mose 11* – hier wird von reinen und unreinen Tieren gesprochen. Die Speisegesetze der Juden sind ein Kompromiss mit einem ursprünglich vegetarischen Ideal. Dies zeigt sich in der Begrenzung des Tierverzehrs. Besprechen Sie mit den Schülern das Arbeitsblatt und schreiben Sie die zusätzlichen Erklärungen an die Tafel. Anschließend können sie in Partner- oder Gruppenarbeit ein dreigängiges koscheres Menü erstellen.

Wichtig:
Fleisch und Milch dürfen nicht zusammen vorkommen, Obst und Gemüse gilt als neutral, Huhn darf gegessen werden.

Lösungen:
- *1. Mose 1,29:* Alle Pflanzen, die Samen bringen, alle Bäume, die Früchte tragen und Samen bringen
- *3. Mose 11,3–8:* Rein sind Tiere mit ganz durchgespaltenen Hufen, die auch Wiederkäuer sind, außer dem Kamel
- *3. Mose 11,9–12:* Fisch muss Flossen und Schuppen haben
- *3. Mose 11,21–22:* Der Verzehr von Heuschrecken ist erlaubt
- *Weiteres Speisegesetz:* Fleisch und Milch dürfen nicht zusammen gegessen werden; es gibt zwei Geschirre für beides; zwischen einer Milch- und einer Fleischmahlzeit müssen mehrere Stunden vergehen
- *Erklärung:* Im Judentum gibt es ursprünglich ein vegetarisches Ideal, wie 1. Mose 1,29 zeigt. Die Begrenzung des Tierverzehrs ist ein Kompromiss mit dem vegetarischen Ideal: nicht alle Tiere dürfen gegessen werden. Totes soll nicht zusammen mit Lebendem gegessen werden.

Ein Teil des Festessens zu Rosch ha-Schana © Deror_avi/Wikimedia Commons

M8 Speisegesetzte im Judentum

Lies die Bibelstellen und schreibe auf, was der Mensch essen darf.

1. Mose 1,29:

___

3. Mose 11,3–8:

___

3. Mose 11,9–12:

___

3. Mose 11,21–22:

___

Kennst Du ein weiteres Speisegesetz?

___

___

___

___

Erklärung:

___

___

___

Jetzt seid ihr fit in den jüdischen Speisegesetzen. Erstellt mithilfe eures Wissens in Partner- oder Gruppenarbeit ein leckeres koscheres Dreigängemenü.

Die Bergpredigt untersuchen

Lehrplanbezug: **Jesus Christus**
Materialien: Kopiervorlage (M9), Bibeln, Stifte, Heft
Methoden: In EA Arbeitsblatt ausfüllen, Zusammentragen der Ergebnisse und Korrektur im Plenum, Geschichte schreiben

Verlauf der Stunde

Teilen Sie die Arbeitsblätter und die Bibeln aus. Lassen Sie die Schüler zunächst in Einzelarbeit die Arbeitsblätter ausfüllen. Tragen Sie dann gemeinsam mit den Schülern die Ergebnisse zusammen und korrigieren Sie die Eintragungen ggf. gemeinsam. Wenn jemand früh fertig ist oder wenn noch Zeit bleibt, kann eine Geschichte zum Thema »Vergeltung«/»Verzicht auf Rache« geschrieben werden.

Lösungen:

- *Mt 5,3–12:* Z. B. die Leid tragen, die Sanftmütigen, die hungert und dürstet nach Gerechtigkeit, die Barmherzigen, die reinen Herzens sind, die Friedfertigen, die um der Gerechtigkeit willen verfolgt werden
- *Mt 5,13–14:* Sie sind lebensnotwendig, würzen und erhellen das Leben
- *Mt 5,17–20:* Man soll es erfüllen
- *Mt 5,21–25:* Schon wer seinem Bruder zürnt, ist schuldig
- *Mt 5,27–31:* Schon wer die Frau eines anderen begehrt, ist schuldig
- *Mt 5,33–37:* Nicht schwören
- *Mt 5,38–41:* Verzicht auf Rache
- *Mt 5,43–48:* Feindesliebe
- *Mt 6,1–3:* Almosen im Verborgenen geben
- *Mt 6,5–15:* Im Verborgenen beten, das Vaterunser
- *Mt 6,16–18:* Im Verborgenen fasten
- *Mt 6,19–21:* Gottes- und Nächstenliebe, Familie, Freunde
- *Mt 7,1–5:* Nicht richten, zuerst die eigenen Fehler wahrnehmen
- *Mt 7,12:* Alles, was ihr wollt, das euch die Leute tun sollen, das tut ihnen auch

Bergpredigt, Christian Rohlfs 1916

M 9 Bergpredigt – Was sagt Jesus?

Matthäus 5,3–12: Wer ist selig? (Drei Beispiele)

____

Matthäus 5,13–14: Was bedeuten die Worte vom Salz und vom Licht?

____

Matthäus 5,17–20: Wie soll man mit dem Gesetz umgehen?

____

Matthäus 5,21–25: Was sagt Jesus zum Gebot »Du sollst nicht töten«?

____

Matthäus 5,27–31: Was sagt Jesus zum Gebot »Du sollst nicht ehebrechen«?

____

Matthäus 5,33–37: Wie soll man es mit dem Schwören halten?

____

Matthäus 5,38–41: Wie soll man es mit der Vergeltung halten?

____

Matthäus 5,43–48: Wie soll der Umgang mit Feinden sein?

____

Matthäus 6,1–3: Wie soll man es mit dem Almosengeben halten?

____

Matthäus 6,5–15: Wie verhält es sich mit dem Beten?

____

Matthäus 6,16–18: Wie verhält es sich mit dem Fasten?

____

Matthäus 6,19–21: Was ist der Schatz im Leben eines Menschen?

____

Matthäus 7,1–5: Wie verhält es sich mit dem Richten?

____

Matthäus 7,12: Wie lautet die »goldene Regel«?

____

Fülle das Blatt aus.
Schreibe eine Geschichte zum Thema Vergeltung. – Ja oder Nein?

Schreiben zu Gleichnissen

Lehrplanbezug: **Jesus Christus**
Materialien: Heft, Stifte, Bibeln
Methoden: Schreiben in EA oder PA

Verlauf der Stunde

Teilen Sie die Bibeln aus und lesen Sie mit den Schülern *Lukas 13,18–21,* das Gleichnis vom Senfkorn und vom Sauerteig. Sprechen Sie über das Besondere dieses Gleichnisses – aus kleinen Dingen werden große Dinge mit großer Wirkung. Lassen Sie die Schüler durch Schreiben von Geschichten zum Thema »Aus Klein wird Groß« den Inhalt in ihr Leben übertragen. Die Schüler können in Einzel- oder Partnerarbeit schreiben.

Anschließend können die Geschichten vorgelesen oder auch vorgespielt werden, wenn genügend Zeit bleiben sollte.

Schreiben zur Passion

Lehrplanbezug: **Jesus Christus**
Materialien: Heft, Stifte, Bibeln
Methoden: Schreiben in EA oder PA

Verlauf der Stunde

Lesen Sie gemeinsam mit den Schülern die Passionsgeschichte Jesu in der Überlieferung eines Evangelisten, z. B. *Markus 11,1–11* und *14,12–15,20.* Dabei werden folgende Themen fokussiert:

Jubel (zum Einzug in Jerusalem)
Verrat (zum Verrat des Judas)
Verleugnung (zur Verleugnung des Petrus)
Verspottung (zur Verspottung Jesu)

Erfahrungen mit diesen Themen kennen die Schüler auch aus ihrem eigenen Leben. Die Lehrperson schreibt die vier Begriffe an die Tafel, die Schüler suchen sich eines aus und verfassen dazu eine eigene Geschichte. Zum Abschluss werden diese vor der Klasse vorgetragen.

Malen zur Passion

Lehrplanbezug: **Jesus Christus**
Materialien: Weiße Blätter oder Heft, Buntstifte, Bibeln
Methoden: Malen in EA oder PA

Verlauf der Stunde

Lassen Sie die Schüler zu den Stationen der Passionsgeschichte Jesu einen Kreuzweg malen: Lesen Sie mit den Schülern die Passionsgeschichte nach einem der Evangelien, z. B. *Markus 11,1–11* und *14,12–16,8*. Lassen Sie die Schüler dann Stationen der Passionsgeschichte ins Heft malen, alle auf eine Seite:

1. *Jesus zieht in Jerusalem ein (Mk 11,1–11)*
2. *Das letzte Abendmahl (Mk 14,12–25)*
3. *Gebet im Garten Gethsemane (Mk 14,32–42)*
4. *Gefangennahme (Mk 14,43–52)*
5. *Verleugnung des Petrus (Mk 14,66–72)*
6. *Dornenkrone (Mk 15,6–20a)*
7. *Kreuzigung (Mk 15,20b–41)*
8. *Auferstehung (Mk 16,1–8)*

Einzug Christi in Jerusalem, Syrischer Maler um 1220, Kollektenbuch der Evangelien der syrischen Jakobitenkirche, Buchmalerei aus Kloster von Mar Mattai bei Mosul

Alternativ können die Schüler auch arbeitsteilig zu zweit auf weiße Blätter malen, die dann im Klassenraum aufgehängt werden.

Je nach Lerngruppe bietet es sich ggf. auch an, die einzelnen Stationen der Passionsgeschichte von Anfang an aufzuteilen und die Schüler in Partner- oder Gruppenarbeit zu jeweils nur einer Station Bilder anfertigen zu lassen. Für Schüler, die Schwierigkeiten mit dem Lesen haben, bieten sich die kürzeren Abschnitte zur Bearbeitung an (Verleugnung des Petrus und Auferstehung). Am Ende können die einzelnen Schülerprodukte zu einem großen gemeinsamen Produkt zusammengefügt werden.

Zu Festen im Kirchenjahr malen und schreiben

Lehrplanbezug: **Feste im Kirchenjahr**
Materialien: Hefte, Buntstifte
Methoden: Malen und Schreiben

Verlauf der Stunde

Die Feste des Kirchenjahres eignen sich gut für verschiedene eigene Texte und Bilder.

Lassen Sie zum *Erntedankfest* Danktexte ins Heft schreiben. Die Schüler sollen aufzählen, wofür sie dankbar sind oder Gebete dazu schreiben. Anschließend kann auch gemalt werden, wofür man bei diesem Fest danken möchte. Die Früchte, das Gemüse, das Getreide … Eventuell kann man die Bitte des Vaterunsers »Unser tägliches Brot gib uns heute« dazuschreiben.

Zum *Advent* kann man ein Bild mit den ganzen Adventsbräuchen malen lassen: Plätzchen, Lebkuchen, Weihnachtsmarkt, Adventskalender, Adventskranz. Möglich ist es auch einen Adventska-lender mit kleinen Bildern über eine ganze Heftseite gestalten zu lassen.

Zu *Weihnachten* können die Schüler Geschichten über ein Weihnachtserlebnis schreiben und dann vor der Klasse vortragen. Wer früh fertig ist, kann ein passendes Bild zu seiner Geschichte malen.

Zu *Ostern* kann man Ostersymbole malen lassen: das Ei und einen Schmetterling als Symbole der Auferstehung; das Lamm als Opfertier verweist auf den Kreuzestod Christi; eine Osterkerze z. B. mit der aktuellen Jahreszahl, dem Fünfwundenkreuz für die Wunden (Kreuz mit symbolischer Darstellung der Kreuzigungswunden Christi) und den griechischen Buchstaben A(lpha) und O(mega); einen Osterstrauß mit grünen Zweigen für die Auferstehung.

Zu *Pfingsten* können Sie Geschichten schreiben lassen, wie durch den Geist Gottes eine verfahrene Situation in einer Gemeinde sich löst, wieder neues Leben in die Gemeinde kommt, Beispiele: Manche werden ausgegrenzt, wenige kommen zum Gottesdienst, es gibt Spaltungen, niemand will sich um Arme kümmern … Als Symbol für den Geist Gottes können die Schüler eine Taube malen.

Ein Fünfwundenkreuz in Freiburg

Christliche Symbole malen

Lehrplanbezug: **Christliche Symbole**
Materialien: Hefte, Buntstifte
Methoden: Malen

Verlauf der Stunde

Lassen Sie die Schüler verschiedene christliche Symbole gestalten. Schreiben Sie an die Tafel, was die Schüler malen sollen:

- *Osterkerze:* Fünfwundenkreuz (symbolische Darstellung der fünf Kreuzigungswunden Christi), aktuelle Jahreszahl, A(lpha) und O(mega)

- *Fisch* als Christussymbol vom griechischen *ICHTHYS;* die Buchstaben bilden ein kurzgefasstes Glaubensbekenntnis, dieses bedeutet übersetzt: Jesus Christus Gottes Sohn Erlöser

- *Kreuz* als universelles Symbol für das Christentum

- *Taube* als Symbol für den Heiligen Geist

- *Stern:* diesem zogen die Heiligen drei Könige nach.

Es gibt natürlich noch viele weitere Symbole, die Sie verwenden können oder die die Schüler selbst kennen.

Gruppensymbol gestalten

Lehrplanbezug: **Meine Unterrichtsgruppe**
Materialien: Weiße Blätter A4, Buntstifte
Methoden: Malen in GA

Verlauf der Stunde

Teilen Sie die Blätter aus. Die Schüler sollen in 3er-/4er-Gruppen zuerst ein Symbol für die Gruppe entwerfen, z. B. einen Fischschwarm (ein Fisch für jeden Schüler), Pflanzen, Kreise … Dann kann sich jeder selbst malen, indem die Blätter reihum gehen und jeder das entsprechende Symbol für sich selbst einfügt. Daran kann sich ein Gespräch anschließen: Gibt es Auffälligkeiten, z. B. Gruppenbildungen etc.? Es können Regeln für eine gute Klassengemeinschaft zusammengetragen und ins Heft geschrieben werden: Niemanden ausschließen, ausreden lassen …

Soziogramm

Lehrplanbezug: **Meine Klasse**
Materialien: Viele weiße Blätter zerschnitten in Zettelgröße, Buntstifte
Methoden: Selbsterfahrungsübung, Malen, Austausch

Verlauf der Stunde

Teilen Sie die Unterrichtsgruppe in Gruppen von maximal 10 Schülern.

Jeder erhält so viele Zettel wie Schüler in der Gruppe sind und soll darauf ein passendes Symbol für jedes Gruppenmitglied malen. Eine Gruppe von 10 Schülern benötigt somit 100 Zettel. (Natürlich können sich die Gruppen auch selbst mit Blättern versorgen.) Diese werden nach Fertigstellung der Aufgabe auf dem Boden ausgelegt. Jetzt soll jeder überlegen, welche Zettel zu ihm gehören. Kommt er nicht darauf, helfen die anderen. Dann kann jeder die für ihn gemalten Zettel ins Heft kleben und auch nachfragen, warum die anderen ihn so dargestellt haben.

Wichtig: Ein wertschätzender Umgang miteinander, keine beleidigenden Symbole.

Sich als Baum oder Haus malen[1]

Lehrplanbezug: **Wer bin ich?**
Materialien: Weiße Blätter oder Heft, Buntstifte
Methoden: Selbsterfahrungsübung, Malen, Austausch

Verlauf der Stunde

Jeder Schüler der Unterrichtsgruppe malt sich als Baum oder als Haus. Was für ein Baum oder Haus wäre er, wie genau würde er aussehen? Die individuelle Persönlichkeit sollte dabei widergespiegelt werden. Geben Sie nur eines der beiden Themen auf einmal vor. Dann werden die Bilder auf den Boden gelegt und gemeinsam betrachtet. Jeder kann etwas zu seinem eigenen Bild sagen oder was ihm an den Bildern der anderen auffällt.

[1] Die Stundenvorschläge *Soziogramm* und *Sich als Baum oder Haus malen* sind Methoden der Apakt.

Rollenspiele zu Familie und Freundschaft

Lehrplanbezug: **Ich brauche andere Menschen, andere brauchen mich: Familie und Freundschaft**
Materialien: Hefte oder Blockblätter, Stifte
Methoden: In PA oder GA Rollenspiele schreiben und spielen

Verlauf der Stunde
Lassen Sie in Partner- oder Gruppenarbeit Rollenspiele zu Familien- und Freundschaftsthemen schreiben. Wie sieht die erdachte Situation aus? Welche Probleme gibt es und welche Lösungen passen dazu? Diese Rollenspiele werden geprobt und vor der Klasse aufgeführt. Beispiele können sein:

Essensregeln
Hausaufgabenregeln
Handy- und/oder Computerregeln
Umzug
Trennung der Eltern
Geheimnisse verraten/behalten
Freund/Freundin ausspannen
…

Malen und Schreiben zu Gemeinschaften

Lehrplanbezug: **Menschen werden von Gemeinschaften getragen – Gemeinschaften leben vom Beitrag des Einzelnen**
Materialien: Hefte, Stifte
Methoden: Malen und Schreiben

Verlauf der Stunde

Möglichkeit 1:
Lassen Sie die Gruppe die Schüler der Klasse als kleine Fische malen, die zusammen einen großen Fisch bilden. Grüppchen oder Ausgeschlossene sollten in der Anordnung der Fische erkennbar sein. Anschließend können Sie ein Gespräch darüber führen wie das Miteinander in der Klasse aussieht. Dann können die Schüler eine Geschichte aus der Sicht eines der kleinen Fische schreiben und vorlesen.

Möglichkeit 2:
Um sich mit dem Thema Behinderungen auseinanderzusetzen und die Empathiefähigkeit zu fördern, können die Schüler eine Geschichte mit dem Titel »Ein Tag im Rollstuhl« schreiben und vor der Klasse vortragen. Wer früh fertig ist, kann ein Bild dazu malen, z. B. eines, das die eigenen Gefühle in dieser Was-wäre-wenn-Situation widerspiegelt.

Möglichkeit 3:
Zu den sieben Werken der Barmherzigkeit:
- Hungrige speisen
- Durstige erquicken
- Fremde beherbergen
- Nackte kleiden
- Kranke heilen
- Gefangene besuchen
- Tote begraben

Die Schüler sollen je ein Thema auswählen und dazu eine Geschichte schreiben, die dann vor der Klasse vorgetragen wird.

Eine Geschichte zur Christenverfolgung

Lehrplanbezug: **Christen im Römischen Reich**
Materialien: Hefte, Stifte
Methoden: Schreiben

Verlauf der Stunde

Im antiken Rom wurden die noch jungen christlichen Gemeinschaften verfolgt, etwa 200 Jahre lang vereinzelt, ab der Regentschaft von Kaiser Decius Mitte des 3. Jh. gesamtstaatlich. Wer die römischen Götter nicht verehrte und dem Kaiser nicht opfern wollte, galt als kriminell und wurde des Religionsfrevels und Majestätsverbrechens beschuldigt. Wenn die Schüler schon ein Basiswissen zum Thema haben, lassen Sie sie eine Geschichte aus der Zeit der Christenverfolgung verfassen. Sie können dabei die Position eines allwissenden Erzählers, der durch die Geschichte führt, eines durch das römische Reich reisenden Fremden, der einen Blick von außen hat, oder eine christliche bzw. römische Perspektive einnehmen. Die Geschichten können dann im Plenum vorgelesen und besprochen werden.

Alternativ kann auch die Empathiefähigkeit im Allgemeinen gefördert werden, indem die Schüler sich eigene Beispielgeschichten überlegen, unabhängig von dem hier vorliegenden historischen Kontext. Dabei soll es um Menschen gehen, die wegen dem, woran sie glauben, verfolgt/ausgeschlossen/… werden.

Das Leben des Paulus

Lehrplanbezug: **Paulus**
Materialien: Kopiervorlage (M10), Bibeln, Stifte
Methoden: Arbeitsblatt ordnen

Verlauf der Stunde

Die Schüler sollen die Angaben über Paulus in die richtige Reihenfolge bringen und im Anschluss anhand der Stichpunkte eine kurze Paulus-Biografie schreiben.

Lösung:

6), 3), 9), 4), 7), 1), 5), 8), 12), 11), 10), 2)

M 10 Das Leben des Paulus

1) [...] wie ich über die Maßen die Gemeinde verfolgte und zu zerstören suchte (Gal 1,13)

2) Paulus aber blieb zwei volle Jahre in seiner eigenen Wohnung und nahm alle auf, die zu ihm kamen. (Apg 28,30)

3) [...] der ich am achten Tag beschnitten bin, aus dem Volk Israel, vom Stamm Benjamin (Phil 3,5)

4) Und weil er das gleiche Handwerk hatte, blieb er bei ihnen und arbeitete mit ihnen; sie waren nämlich von Beruf Zeltmacher. (Apg 18,3)

5) Als er aber auf dem Wege war und in die Nähe von Damaskus kam, umleuchtete ihn plötzlich ein Licht vom Himmel. (Apg 9,3)

6) Ich bin ein jüdischer Mann, geboren in Tarsus in Zilizien (Apg 22,3)

7) Von ihnen empfing ich auch Briefe an die Brüder und reiste nach Damaskus, um auch die, die dort waren, gefesselt nach Jerusalem zu führen, damit sie bestraft würden. (Apg 22,5)

8) [...] und er fiel auf die Erde und hörte eine Stimme, die sprach zu ihm: Saul, Saul, was verfolgst du mich? (Apg 9,4)

9) [...] aufgewachsen aber in dieser Stadt [Jerusalem] und mit aller Sorgfalt unterwiesen im väterlichen Gesetz (Apg 22,3)

10) Ist es erlaubt bei euch, einen Menschen, der römischer Bürger ist, ohne Urteil zu geißeln? (Apg 22,25)

11) Und da das Schiff ergriffen wurde und nicht mehr gegen den Wind gerichtet werden konnte, gaben wir auf und ließen uns treiben. (Apg 27,15)

12) [...] dieser Paulus viel Volk abspenstig macht, überredet und spricht: Was mit Händen gemacht ist, das sind keine Götter. (Apg 19,26)

Ordne die Bibelstellen in der richtigen Reihenfolge im Leben des Paulus an.
Verfasse anhand dieser Angaben eine kurze Biografie des Paulus.

Frauen bei Paulus

Lehrplanbezug: **Paulus**
Materialien: Kopiervorlage (M11), Stifte, Bibeln
Methoden: Arbeitsblatt in EA oder PA ausfüllen, Unterrichtsgespräch

Verlauf der Stunde

Die Schüler sollen das Arbeitsblatt in Einzel- oder Partnerarbeit mithilfe der Bibeln ausfüllen. Im Plenum werden die Ergebnisse zusammengetragen und über die Rolle der Frauen gesprochen.

Vorschlag für ein Tafelbild:

Frauen bei Paulus

Frauen hatten wichtige Funktionen in den Gemeinden des Paulus:

Sie stellten ihre Häuser für Treffen der Christen zur Verfügung, waren Mitarbeiterinnen, sogar Apostelinnen. Sie halfen bei der Armenfürsorge.

- *Römer 16,7:* »Junia« wurde in »Junias« gefälscht.
- *Korinther 14,34:* Dass Frauen in der Gemeindeversammlung schweigen sollen, wurden nachträglich in den Paulusbrief eingefügt. Erst später wurden die Frauen in den Gemeinden zurückgedrängt.

Lösungen:

- *Apg 16,40:* Gingen zu Lydia
- *Apg 17,4:* Angesehenste Frauen schlossen sich Paulus an
- *Apg 9,36:* Jüngerin Tabita tat gute Werke, gab reichlich Almosen
- *Apg 12,12:* Haus Marias diente als Ort für Treffen
- *Apg 16,14–15:* Lydia, gottesfürchtige Frau, bittet Paulus in ihr Haus
- *Apg 17,34:* Damaris wurde gläubig und andere mit ihr
- *Apg 18,1–3:* Paulus ging zu Priszilla, einer Zeltmacherin
- *Apg 18,18:* Priszilla wollte mit Paulus nach Syrien fahren
- *Apg 18,24–26:* Priszilla nahm Apollos zu sich und legte ihm den Weg Gottes noch genauer aus als er es vorher gepredigt hatte
- *1. Kor 1,11:* Chloë und ihre Leute
- *Röm 16,1–16:* Schwester Phöbe – in Gemeindedienst, hat vielen beigestanden; Mitarbeiterin Priska; Maria; Apostelin Junia [Anm.: In »Junias« gefälscht!]; Tryphäna und Tryphosa – arbeiten im Herrn; Persis hat sich gemüht im Dienst des Herrn; Mutter des Rufus; Julia und die Schwester des Nereus
- *Phil 4,1–3:* Evodia und Syntyche sollen eines Sinnes im Herrn sein, haben für das Evangelium gekämpft
- *1. Kor 14,34:* Frauen sollen in der Gemeindeversammlung schweigen [Anm.: Nachträglich eingefügt!]
- *Gal 3,28:* Mann und Frau sind eins in Christus

M11 Frauen bei Paulus

Apostelgeschichte 16,40: ____________________

17,4: ____________________

9,36: ____________________

____

12,12: ____________________

16,14–15: ____________________

17,34: ____________________

18,1–3: ____________________

18,18: ____________________

18,24–26: ____________________

1. Korinther 1,11: ____________________

Römer 16,1–16: ____________________

____

____

____

Philipper 4,1–3: ____________________

1. Korinther 14,34: ____________________

Galater 3,28: ____________________

Schlage die Bibelstellen nach. Welche Frauen werden genannt? Welche Aufgaben und Werke übernehmen die Frauen?

Der Islam

Lehrplanbezug: **Islam**
Materialien: Kopiervorlage (M12), Stifte
Methoden: Arbeitsblatt ausfüllen, Unterrichtsgespräch, Schreiben

Verlauf der Stunde

Dieses Arbeitsblatt eignet sich am Ende einer Einheit zum Islam oder in höheren Klassen, schon zum Thema gearbeitet haben, da die Schüler dafür Kenntnisse benötigen.

Die Schüler bearbeiten das Arbeitsblatt. Anschließend werden die Ergebnisse besprochen. Es kann sich ein Gespräch über die einzelnen Aussagen anschließen. Je nachdem, wieviel Zeit Sie noch haben, können die Schüler daraufhin ein Gespräch zwischen einem Christ und einem Moslem über ihren Glauben verfassen. Die Texte können vorgelesen und besprochen werden.

Lösungen:

1) Nein, Kranke, Alte, Kinder, Schwangere müssen nicht fasten
2) Mohammed ist ein Prophet (Jesus wird als Sohn Gottes bezeichnet)
3) Der Halbmond
4) Hier fehlt: und Mohammed ist sein Prophet.
5) Fünfmal täglich
6) Nein, Mekka
7) Nein, für alle
8) Nein, 622n. Chr. mit der Flucht nach Medina
9) Doch, Schweinefleisch aber nicht
10) Nein, nur dass sie ihren Ausschnitt bedecken und ihren Schmuck nicht zeigen sollen
11) Nein, Pflanzenornamente und Kalligraphie
12) Nein, in Leinentüchern
13) Ja
14) Nein
15) Nein

16) Nein, der Koran wurde 650 n. Chr. von Kalif Othman aufgeschrieben
17) Ja, aber eine vollkommene Übersetzung aus der Ausgangssprache des Koran, dem Arabischen, in eine andere Sprache ist nach Ansicht islamischer Theologen unmöglich, weil jede Übersetzung gleichzeitig eine Interpretation sei
18) Nicht nur, sie verbeugen sich auch, knien und werfen sich nieder

M 12 Was weißt du über den Islam?

Korrigiere und ergänze:

1) Das Fasten im Monat Ramadan gilt für alle Muslime ohne Ausnahme.

2) Mohammed wird als Sohn Gottes bezeichnet.

3) Das Symbol des Islam ist der Davidstern.

4) Das Glaubensbekenntnis lautet: Es gibt keinen Gott außer Allah.

5) Muslime beten dreimal täglich.

6) Das Ziel der Wallfahrt, die jeder Muslim einmal im Leben machen sollte, ist Jerusalem.

7) Eine Pflicht zum Almosengeben gibt es nur für Reiche.

8) Der Beginn der islamischen Zeitrechnung ist Mohammeds Todesjahr 632 n. Chr.

9) Schaffleisch darf nicht gegessen werden.

10) Es steht im Koran, dass Frauen ihr Gesicht verschleiern müssen.

11) Häufiger Schmuck an Moscheen sind Tierdarstellungen.

12) Muslime werden in kunstvollen Särgen beerdigt.

13) Jungen werden beschnitten.

14) Muslime essen nicht mit Andersgläubigen.

15) Alkohol ist erlaubt.

16) Der Koran wurde von Mohammed geschrieben.

17) Der Koran ist in viele Sprachen übersetzt.

18) Muslime stehen beim Beten.

✝ Verfasse ein Gespräch zwischen einem Christen und einem Moslem über ihren Glauben.

Das Gotteshaus bei Juden, Christen und Muslimen

Lehrplanbezug: **Islam, Judentum**
Materialien: Kopiervorlage (M13), Hefte, Stifte
Methoden: Arbeitsblatt ausfüllen, Schreiben, Unterrichtsgespräch

Verlauf der Stunde

Das Arbeitsblatt wird ausgefüllt und besprochen. Anschließend schreiben die Schüler einen Text darüber, was sie sehen, wenn sie eine Moschee betreten. Der Text wird vorgelesen und besprochen.

Lösungen:

Synagoge:
Davidstern, siebenarmiger Leuchter, Thorarollen, Altar, Bänke, Pflanzenornamente, hebräische Schrift, ewiges Licht, Kuppeln, Rabbi, Feiertag am Samstag, beten, singen, Kopfbedeckung (für Männer und verheiratete Frauen), stehen, sitzen, Männer und Frauen sitzen getrennt, in liberalen Synagogen aber auch gemeinsam, Kanzel

Kirche:
Bilder von Menschen und Tieren, Kreuze, Altar, Bänke, lateinische Schrift, ewiges Licht (katholisch), Pfarrer, Feiertag am Sonntag, beten, singen, stehen, knien (katholisch), sitzen, Bibel, Männer und Frauen sitzen gemeinsam, Kanzel

Moschee:
Halbmond, Gebetsnische, Minarett, Gebetsrufer, Brunnen, Teppiche, Ausziehen der Schuhe, Pflanzenornamente, arabische Schrift, Kuppeln, Imam, Feiertag am Freitag, Kopfbedeckung (für Männer fakultativ, für Frauen obligatorisch), beten, singen, stehen, sitzen, mit dem Kopf den Boden berühren, Koran, Männer und Frauen sitzen getrennt, Kanzel

M13 Das Gotteshaus bei Juden, Christen und Muslimen

Ordne die Begriffe dem richtigen Gotteshaus zu. Manches passt mehrfach!

Synagoge	Kirche	Moschee

Bilder von Menschen und Tieren | Davidstern | Altar | Teppiche | Thorarollen | siebenarmiger Leuchter | Kreuze | Halbmond | Gebetsnische | Bänke | Brunnen | Minarett | arabische Schrift | hebräische Schrift | lateinische Schrift | ewiges Licht | Kuppeln | Rabbi | Pfarrer | Imam | Kopfbedeckung | Feiertag am Freitag | Feiertag am Sonntag | Feiertag am Samstag | beten | singen | knien | stehen | sitzen | mit dem Kopf den Boden berühren | Bibel | Koran | Gebetsrufer | Ausziehen der Schuhe | Pflanzenornamente | Männer und Frauen sitzen getrennt | Männer und Frauen sitzen gemeinsam | Kanzel

Stell dir vor, du betrittst eine Moschee: Was siehst du? Schreibe einen Text.

Der Prophet Amos

Lehrplanbezug: **Amos**
Materialien: Bibeln, Kopiervorlage (M14), Stifte
Methoden: Bibelstellen suchen, Arbeitsblatt ausfüllen, Malen/Schreiben

Der Prophet Amos von Gustave Doré, 1866

Verlauf der Stunde

Die Schüler füllen mithilfe der Bibeln das Arbeitsblatt aus. Die Ergebnisse werden gemeinsam besprochen. Anschließend gestalten die Schüler in ihren Heften eine Seite darüber, was Amos heute anklagen würde.

Beispiele sind: unzureichende Sicherheitsmaßnahmen in Kleiderfabriken in Bangladesch; Monokulturen von Pflanzen und Export aus armen Ländern, die selbst dringend Lebensmittel benötigen; Anbau von Biosprit in armen Ländern; mangelnde Investitionen in armen Ländern; Anzünden von Flüchtlingsunterkünften …

Alternativ können sie in die Rolle des Amos schlüpfen und eine kurze Rede formulieren.

Es könnte sein, dass nicht alle Schüler Ideen entwickeln, daher am besten vorher Möglichkeiten besprechen.

Lösungen:

- *Am 4,1:* Ihr tut dem Geringen Gewalt an und schindet die Armen
- *Am 5,4:* Sucht Gott, damit ihr leben werdet
- *Am 5,11:* Ihr unterdrückt die Armen und nehmt von ihnen hohe Kornabgaben
- *Am 5,12:* Ihr bedrängt die Gerechten, nehmt Bestechungsgeld an, unterdrückt die Armen im Tor
- *Am 5,14:* Sucht das Gute, nicht das Böse, damit ihr leben könnt
- *Am 5,15:* Hasst das Böse, liebt das Gute, richtet das Recht im Tor auf
- *Am 5,24:* Das Recht soll wie Wasser und die Gerechtigkeit wie ein nie versiegender Bach strömen
- *Am 8,4:* Ihr unterdrückt die Armen und richtet die Elenden im Lande zugrunde

M 14 Der Prophet Amos

Amos 4,1: ____________________

____

____

____

Amos 5,4: ____________________

____

____

Amos 5,11: ____________________

____

____

Amos 5,12: ____________________

Amos 5,14: ____________________

____

____

Amos 5,15: ____________________

____

Amos 5,24: ____________________

Amos 8,4: ____________________

Finde die Bibelstellen und notiere, was Amos dort jeweils anklagt oder fordert.
Was würde Amos heute anklagen? Gestalte eine Seite im Heft oder verfasse eine Rede.

Der Prophet Jeremia

Lehrplanbezug: **Jeremia**
Materialien: Bibeln, Kopiervorlage (M15), Stifte
Methoden: Bibelstellen suchen, Arbeitsblatt ausfüllen, Schreiben, Malen

Verlauf der Stunde

Die Schüler füllen mithilfe der Bibeln das Arbeitsblatt aus. Die Ergebnisse werden gemeinsam besprochen. Im Anschluss gestalten sie in ihren Heften eine Seite mit Worten des Jeremia und malen dazu.

Lösungen:

- *Jer 2,13:* Denn mein Volk tut eine zwiefache Sünde: Mich, die lebendige Quelle, verlassen sie und machen sich Zisternen, die doch rissig sind und kein Wasser geben.
- *Jer 7,5–6:* Sondern bessert euer Leben und euer Tun, dass ihr recht handelt einer gegen den andern und keine Gewalt übt gegen Fremdlinge, Waisen und Witwen und nicht unschuldiges Blut vergießt an diesem Ort und nicht andern Göttern nachlauft zu eurem eigenen Schaden.
- *Jer 17,7:* Gesegnet aber ist der Mann, der sich auf den HERRN verlässt und dessen Zuversicht der HERR ist.
- *Jer 18,6:* Siehe, wie der Ton in des Töpfers Hand, so seid auch ihr vom Hause Israel in meiner Hand.
- *Jer 23,29:* Ist mein Wort nicht wie ein Feuer, spricht der HERR, und wie ein Hammer, der Felsen zerschmeißt?
- *Jer 26,13:* So bessert nun eure Wege und euer Tun und gehorcht der Stimme des HERRN, eures Gottes.
- *Jer 29,13–14:* Ihr werdet mich suchen und finden; denn wenn ihr mich von ganzem Herzen suchen werdet, so will ich mich von euch finden lassen, spricht der HERR.
- *Jer 31,3:* Ich habe dich je und je geliebt, darum habe ich dich zu mir gezogen aus lauter Güte.

Der Prophet Jeremia von Duccio, 1308–1311

M15 Der Prophet Jeremia

Jeremia 2,13: ______________________________

____

____

Jeremia 7,5–6: ______________________________

____

____

____

Jeremia 17,7: ______________________________

____

Jeremia 18,6: ______________________________

____

Jeremia 23,29: ______________________________

____

Jeremia 26,13: ______________________________

Jeremia 29,13–14: ______________________________

____

Jeremia 31,3: ______________________________

____

Finde die Bibelstellen und notiere, was Jeremia dort jeweils sagt.
Gestalte eine Seite im Heft mit Worten des Jeremia und male dazu.

Ich habe einen Traum

Lehrplanbezug: **Konflikte, Wünsche/Träume/Ängste**
Materialien: Buntstifte, Heft, Kopiervorlage (M16)
Methoden: Selbsterfahrungsübung, Malen/Zeichnen, Austausch

Verlauf der Stunde

Tragen Sie mit den Schülern zu Beginn der Stunde die wichtigsten Informationen zu Martin Luther King zusammen.

Lesen Sie gemeinsam mit den Schülern die Paraphrase von Kings berühmter Rede *Ich habe einen Traum* und den Liedtext von *we shall overcome.* Sie sollen in einem ersten Schritt ein Bild zu einem der in den Texten enthaltenen Bilder malen. Danach ist es an ihnen, ein eigenes Bild oder einen eigenen Text von einer friedlichen Zukunft zu entwerfen. Die Bilder und Texte können im Plenum vorgestellt und ggf. besprochen werden, wenn noch Zeit übrig bleiben sollte. Falls beim Liedtext Probleme mit der englischen Sprache vorhanden sein sollten, kann auf die deutsche Übersetzung zurückgegriffen werden.

Ggf. können die Friedenshoffnungen aus dem Alten Testament (→ s. S. 9) ebenfalls einbezogen werden.

Martin Luther King jr.

* 15. Januar 1929; † 4. April 1968

US-amerikanischer Baptistenpastor und Bürgerrechtler, einer der bedeutendsten Vertreter des Kampfes gegen soziale Unterdrückung und Rassismus

King kämpfte mit gewaltlosem Ungehorsam für die Gleichberechtigung der Schwarzen in den USA. Er erreichte 1956 die Aufhebung der Rassentrennung in öffentlichen Verkehrsmitteln. 1964 erhielt er den Friedensnobelpreis für seinen Einsatz. Im gleichen Jahr wurde der *Civil Rights Act* rechtsgültig, er galt als eines der bedeutendsten Gesetze zur rechtlichen Gleichstellung von Schwarzen in den USA. King wurde bei einem Attentat ermordet. Berühmt geworden ist seine Rede *I have a dream,* die er bei dem *Marsch auf Washington* am 28. August 1963 hielt.

M16 Ich habe einen Traum – We shall overcome

In seiner berühmten Rede *I have a dream* beruft sich Martin Luther King auf die Gleichheit aller Menschen. Diese hielt er am 28. August 1963 im Rahmen des *Marsches auf Washington für Arbeit und Freiheit.*[1]

Sein Traum ist, dass die Nachfahren früherer Sklaven und Sklavenbesitzer sich friedlich begegnen werden, dass bei der Beurteilung von Menschen das Aussehen keine Rolle mehr spielen wird, dass alle Menschen geschwisterlich zusammenleben. Dieser Glaube und die zukünftige Freiheit befähigen zu gemeinsamem Einsatz und auch zu Opfern.

We shall overcome[2]

We shall overcome, we shall overcome, we shall overcome some day.
Oh, deep in my heart I do believe: We shall overcome some day.

We'll walk hand in hand, we'll walk hand in hand, we'll walk hand in hand some day.
Oh, deep in my heart I do believe: We'll walk hand in hand some day.

We are not alone, we are not alone, we are not alone today.
Oh, deep in my heart I do believe: We are not alone today.

We shall live in peace, we shall live in peace, we shall live in peace some day.
Oh, deep in my heart I do believe: We shall live in peace some day.

We shall all be free, we shall all be free, we shall all be free some day.
Oh, deep in my heart I do believe: We shall all be free some day.

Black and white together now, black and white together now, black and white together now some day.
Oh, deep in my heart I do believe: Black and white together now some day.

[1] Dieser Marsch war einer der Höhepunkte der Bürgerrechtsbewegung in den USA, bei dem sich über 200 000 Menschen zusammenfanden, um ein Ende der Rassendiskriminierung zu fordern.

[2] *We shall overcome* gilt als Protestlied, es spielte eine wichtige Rolle in der Zeit der amerikanischen Bürgerrechtsbewegung.

Wir werden es überwinden[1]

Wir werden es überwinden, wir werden es überwinden, wir werden es eines Tages überwinden.
Oh, tief in meinem Herzen glaube ich: Wir werden es eines Tages überwinden.

Wir werden Hand in Hand gehen, wir werden Hand in Hand gehen, wir werden eines Tages Hand in Hand gehen.
Oh, tief in meinem Herzen glaube ich: Wir werden eines Tages Hand in Hand gehen.

Wir sind nicht allein, wir sind nicht allein, wir sind heute nicht allein.
Oh, tief in meinem Herzen glaube ich: Wir sind heute nicht allein.

Wir werden in Frieden leben, wir werden in Frieden leben, wir werden eines Tages in Frieden leben.
Oh, tief in meinem Herzen glaube ich: Wir werden eines Tages in Frieden leben.

Wir werden alle frei sein, wir werden alle frei sein, wir werden eines Tages alle frei sein.
Oh, tief in meinem Herzen glaube ich: Wir werden eines Tages alle frei sein.

Schwarz und Weiß nun zusammen, Schwarz und Weiß nun zusammen, Schwarz und Weiß eines Tages nun zusammen.
Oh, tief in meinem Herzen glaube ich: Schwarz und Weiß eines Tages nun zusammen.

[1] Übersetzung: Elisabeth Schreiber.

In der Rede Martin Luther Kings und in dem Liedtext sind viele Zukunftsbilder enthalten.
Male bzw. zeichne eines der Bilder. Entwirf dann ein eigenes Bild oder einen eigenen Text von einer friedlichen Zukunft.

Die Sängerin Joan Baez trat im Rahmen des *Marsches auf Washington* am 28. August 1963 auf.
Eine der bekanntesten Versionen von *We shall overcome* stammt von ihr.

Geschichten über Vorurteile

Lehrplanbezug: **Anderen Menschen begegnen**
Materialien: Hefte, Stifte
Methoden: Schreiben, Präsentation vor der Klasse, Malen

Verlauf der Stunde

Lassen Sie die Schüler Geschichten über Vorurteilen verfassen und dann vor der Klasse vortragen. Fast jeder wird schon einmal mit Vorurteilen von anderen konfrontiert worden sein bzw. hatte selbst welche. Deshalb wird jedem Schüler mit Sicherheit eine Idee für eine Geschichte einfallen. Dabei müssen die Vorurteile in der Geschichte nicht zwingend aufgelöst werden – so wie sie in der Realität auch häufig bestehen bleiben.

Die vorgetragenen Geschichten sollten kurz besprochen und die Entstehung sowie die Bewältigung bzw. die Überwindung von Vorurteilen thematisiert werden.

Sollten Sie noch Zeit übrig haben, können die Schüler ihre Geschichten abschließend illustrieren.

Deine Lebenskurve und ein besonderes Ereignis[1]

Lehrplanbezug: **Ich werde erwachsen**
Materialien: Hefte, Stifte
Methoden: Zeichnen, Schreiben, Malen

Verlauf der Stunde

Der Lehrer zeichnet eine mögliche Lebenskurve an die Tafel, eine Linie mit Höhen und Tiefen. Stationen können Kindergarten, Einschulung, Schulwechsel, Umzug, Geburt eines Geschwisterkindes etc. sein. Positive und negative Lebensereignisse werden aufgeführt. Die Schüler zeichnen anschließend die eigene Lebenskurve in ihr Heft. Sie greifen dann ein besonderes Ereignis heraus. Entweder sie schreiben die Geschichte hinter dem Ereignis nieder oder malen dazu ein Bild, zeichnen einen Comic etc. Wer möchte, kann sein Ereignis vor der Klasse vorstellen. Wenn noch Zeit bleibt, kann ein zweites Ereignis gestaltet werden.

[1] Methode der Apakt.

Rollenspiele zu Konflikten

Lehrplanbezug: **Konflikte**
Materialien: Hefte oder Blätter, Stifte
Methoden: In GA ein Rollenspiel entwickeln, Präsentation vor der Klasse

Verlauf der Stunde

Die Schüler überlegen sich in Gruppenarbeit Rollenspiele. Sie konstruieren dabei Konflikte zwischen zwei oder mehreren Parteien und versuchen, Lösungen dafür zu finden, z. B. zu Konflikten in der Familie oder in der Schule. Sie können einen Konflikt nach drei Methoden lösen:

1) *Eine Partei setzt sich durch,*
2) *es läuft einfach weiter oder*
3) *es gibt eine akzeptable Lösung, bei der die Bedürfnisse von allen berücksichtigt werden. (Interessante Frage: Ist diese Variante eigentlich möglich?)*

Alternativ können Rollenspiele zu Regeln der Bergpredigt entworfen und ins eigene Leben übertragen werden: Verzicht auf Rache, Feindesliebe, Frieden stiften, barmherzig sein, nach Gerechtigkeit suchen …

Plakate zu Vorbildern

Lehrplanbezug: **Gestalten der Kirchengeschichte**
Materialien: Hefte oder weiße Blätter, Stifte
Methoden: Zeichnen, Schreiben, Malen, Präsentation vor der Klasse

Verlauf der Stunde

Die Schüler überlegen, wer für sie ein Vorbild darstellt – das kann eine reale oder eine fiktive Person sein. Sie gestalten ein Plakat zu ihrem Vorbild im Heft oder auf weißen Blättern. Dann stellen sie dieses der Klasse vor. Es kann sich ein Gespräch darüber anschließen, warum jemand ein Vorbild für andere sein kann, welche vorbildlichen Gestalten der Kirchengeschichte die Schüler kennen (z. B. Franz von Assisi, Elisabeth von Thüringen …), warum diese als Vorbilder gesehen werden etc.

Alternativ kann ein Text zu einem Vorbild geschrieben und illustriert werden. Leitfrage: Warum ist diese Person mein Vorbild?

Plakate gegen Sucht

Lehrplanbezug: **Sucht**
Materialien: Weiße Blätter A4 oder A3, Stifte
Methoden: Malen in GA

Verlauf der Stunde

Die Schüler gestalten in Gruppen von 2–4 Schülern ein Plakat gegen Sucht. Dabei sollen sie sich Sprüche und/oder Bilder überlegen, die zum Nachdenken über die Sucht und ihre Folgen anregen sollen. Ein bekanntes Beispiel sind die vielen Plakate der Alkoholpräventionskampagne »Alkohol? Kenn dein Limit« der Bundeszentrale für gesundheitliche Aufklärung. Vorher sollte besprochen werden, welche Süchte es gibt: Nikotin, Alkohol, Drogen, Spielsucht …

Anschließend stellt jede Gruppe ihr Plakat vor. Es schließt sich ein Gespräch über Süchte und ihre Folgen an. Die Plakate können im Klassenzimmer aufgehängt werden.

Eine Seite zu Wünschen/Träumen/Ängsten

Lehrplanbezug: **Wünsche/Träume/Ängste**
Materialien: Hefte, Stifte
Methoden: Malen, Unterrichtsgespräch

Verlauf der Stunde

Jeder Schüler gestaltet im Heft eine Seite zu seinen Wünschen, Träumen oder Ängsten. Dabei sucht er sich aus, zu welchem der Drei er arbeiten will.

Wer möchte, kann seine Seite vor der Klasse vorstellen oder es kann sich ein allgemeines Gespräch darüber anschließen (Beispielsweise: Welche Wünsche/Träume/Ängste haben viele Menschen? Welche sind vielleicht eher speziell? Woran liegt das? …).

Wer früh fertig ist, gestaltet ein zweites Thema.

Schreiben zu Gewissen und Protest

Lehrplanbezug: **Martin Luther**
Materialien: Hefte, Stifte
Methoden: Schreiben

Verlauf der Stunde

Martin Luther stand am 17./18. April 1521 auf dem Reichstag zu Worms vor König Karl V. Er sollte die Ansichten, die er in seinen Schriften vertrat, widerrufen. Er widerrief nicht und berief sich dabei allein auf das Wort Gottes und sein Gewissen. Denn entgegen seinem Gewissen zu handeln sei weder sicher noch heilsam.

Die Schüler erfinden nun in Einzel- oder Partnerarbeit eigene Beispiele aus der heutigen Zeit und ihrer Lebenswelt zum Thema:

*»Seinem Gewissen folgen,
auch wenn es schwierig ist«*

Sie können *alternativ* wie Luther auch Thesen verfassen, wogegen Protestanten oder Menschen im Allgemeinen (ohne Bezug auf eine konkrete Religion/Konfession) heute protestieren könnten. Die Aufgabe kann lauten:

*Luther schrieb 95 Thesen gegen den Ablass.
Was gibt es heute für Missstände,
gegen die man protestieren sollte?*

Wie viele Thesen dabei zusammengetragen werden sollen, hängt von der Lerngruppe ab. Entweder Sie machen eine Vorgabe für die Schüler (z. B. mindestens sieben Thesen) oder Sie lassen die Anzahl offen.

Die Schüler sollten auch begründen, warum sie gegen eine bestimmte Sache protestieren würden – schriftlich oder mündlich.

Martin-Luther-Denkmal in Worms,
© Kim Traynor/Wikimedia Commons

Schreibgespräch zu Evangelisch – Katholisch

Lehrplanbezug: **Evangelisch – Katholisch**
Materialien: Blätter oder Hefte, Stifte, Kopiervorlage (M17)
Methoden: Schreiben in GA, Bearbeiten des Arbeitsblattes in EA

Verlauf der Stunde

Schülergruppen von 2–4 Schülern verfassen ein Schreibgespräch zum Thema »*Evangelisch – Katholisch: Gemeinsamkeiten und Unterschiede*«.

Die Schüler wechseln sich ab, sodass immer nur einer schreibt. Daran schließt sich die Vorstellung der Ergebnisse im Plenum und ein Unterrichtsgespräch über das Thema an. Dabei wird zusammengetragen, was die Schüler zu dem Thema bereits wissen und darüber gesprochen, ob noch Fragen offen sind.

Anschließend bearbeiten die Schüler die Kopiervorlage in Einzelarbeit. Die Ergebnisse werden in der Klasse besprochen.

Alternativ kann auch die Kopiervorlage von den Schülern bearbeitet und anschließend im Plenum besprochen werden. Im Unterrichtsgespräch können Fehler, Unklarheiten und offene Fragen geklärt werden.

Lösungen für M17:

Evangelisch:
Altar; Bibel; Taufstein; Kanzel; Orgel; Glocken; Kreuz; Liedertafeln; Gebete; Lieder; Pfarrer dürfen heiraten; auch Frauen sind Pfarrer; Konfirmation; zwei Sakramente: Taufe und Abendmahl; Abendmahl mit Brot und Wein; Bischöfe; Orden

Katholisch:
Altar; Taufstein; Kanzel; Orgel; Glocken; Bibel; Kreuz; Kniebänke; Beichtstühle; Marien- und Heiligenfiguren; Tabernakel; Ewiges Licht; Weihwasserbecken; Liedertafeln; Gebete; Lieder; Pfarrer dürfen nicht heiraten; Kommunion und Firmung; sieben Sakramente: Taufe, Eucharistie, Buße, Firmung, Priesterweihe, Ehe, Krankensalbung; Eucharistie nur in Gestalt des Brotes für die Gläubigen; Papst; Bischöfe; Maria und Heiliger Fürsprecher bei Gott; Orden

M17 Evangelisch - Katholisch

Ordne die Begriffe richtig zu - Evangelisch oder Katholisch. Manche Begriffe gehören in beide Spalten.

- *Einrichtung der Kirche:* Altar; Taufstein; Kanzel; Orgel; Glocken; Bibel; Kreuz; Kniebänke; Beichtstühle; Marien- und Heiligenfiguren; Tabernakel; Ewiges Licht; Weihwasserbecken; Liedertafeln; Gebete; Lieder
- Pfarrer dürfen heiraten/Pfarrer dürfen nicht heiraten/auch Frauen sind Pfarrer
- Kommunion und Firmung/Konfirmation
- zwei Sakramente: Taufe und Abendmahl
- sieben Sakramente: Taufe, Eucharistie, Buße, Firmung, Priesterweihe, Ehe, Krankensalbung
- Abendmahl mit Brot und Wein
- Eucharistie nur in der Gestalt des Brotes für die Gläubigen
- Papst
- Bischöfe
- Maria und Heilige als Fürsprecher bei Gott
- Orden

Evangelisch	Katholisch

Beispiele gelungener und misslungener Beziehungen

Lehrplanbezug: **Liebe – Ehe – Partnerschaft**
Materialien: Hefte, Stifte
Methoden: Schreiben

Verlauf der Stunde

Zwischenmenschliche Beziehungen sind äußerst komplex und manchmal auch sehr fragil. Die Schüler überlegen sich in Partnerarbeit Geschichten, die Beispiele für gelungene und misslungene Beziehungen widerspiegeln – zwischen Familienmitgliedern, Freunden, Liebespaaren.

Daran kann sich ein Gespräch darüber anschließen, warum Beziehungen gelingen oder scheitern.

Die Geschichten können illustriert werden, wenn noch genügend Zeit dafür übrig bleibt. Alternativ können sie auch in einen Comic transformiert werden.

Weibliche Gottesbilder

Lehrplanbezug: **Die Frage nach Gott**
Materialien: Bibeln, Kopiervorlage (M18), Stifte, Buntstifte, Hefte oder lose Blätter A4
Methoden: Bibelstellen suchen, Arbeitsblatt ausfüllen, Malen/Zeichnen

Verlauf der Stunde

Die Bibel ist in stark patriarchisch geprägten Zeiten entstanden. Wir kennen viele männliche Gottesbilder wie »Vater«, »Schöpfer«, »König« oder »Richter«. Aber sie enthält auch weibliche Gottesbilder, die es in dieser Stunde zu finden gilt. Verteilen Sie die Bibeln und die Arbeitsblätter. Die Schüler füllen die Arbeitsblätter aus. Wer früher fertig ist, malt bzw. zeichnet ein Bild zu einer Stelle, die er sich ausgesucht hat, ins Heft oder auf ein Blatt.

Zum Schluss werden die Lösungen des Arbeitsblatts und ggf. die Bilder verglichen. Interessant für ein abschließendes Unterrichtsgespräch kann die Frage sein, ob Gottesbilder absolut gesetzt werden sollten. Ist Gott männlich oder weiblich?

Lösungen:

Gott als gebärende Frau:
- *5. Mose 32,18:* Dein Fels, der dich gezeugt hat und Gott, der dich gemacht hat [Anm.: »der dich geboren« in der Einheitsübersetzung]
- *Jesaja 42,14:* Gott will schreien wie eine Gebärende
- *Hiob 38,29:* Aus Gottes Schoß geht das Eis hervor

Gott als Mutter:
- *Hosea 11,3–4:* Gott lehrt Ephraim gehen und nimmt ihn auf die Arme, Gott lässt sie ein menschliches Joch ziehen und in Seilen der Liebe gehen, hilft dabei, das Joch zu tragen und gibt ihnen Nahrung
- *Jesaja 49,15:* Kann auch eine Frau ihr Kindlein vergessen, dass sie sich nicht erbarme über den Sohn ihres Leibes? Und ob sie seiner vergäße, so will ich doch deiner nicht vergessen.

Gott als Trösterin:
- *Offenbarung 21,4:* Gott wischt alle Tränen von ihren Augen ab, Tod, Leid, Geschrei, Schmerz gibt es nicht mehr

Gott als Erzieherin:
- *Jesaja 46,3–4:* Gott trägt alle vom Hause Israel vom Mutterleib an, sie sind Gott vom Mutterschoß an aufgeladen: Sie werden von Gott getragen bis sie grau sind – aufgehoben, getragen, errettet

Gott als Bärenmutter:
- *Hosea 13,8:* Gott als Bärin, der die Jungen weggenommen worden sind

Gott als Bäckerin:
- *Matthäus 13,33:* Gleichnis vom Sauerteig – Vergleich vom Himmelreich mit einem Sauerteig, den eine Frau nahm und mit einem halben Zentner Mehl vermengte, bis der Teigvollständig durchsäuert war.

Gott als Hausherrin:
- *Lukas 15,8–10:* Gleichnis vom verlorenen Groschen – Eine Frau hat zehn Silbergroschen und verliert einen davon, sie sucht fleißig danach und freut sich sehr, als sie ihn gefunden hat. Genauso groß ist die Freude Gottes über einen Sünder, der Buße tut.

M 18 Weibliche Gottesbilder in der Bibel

5. Mose 32,18: ______

Jesaja 42,14: ______

Hiob 38,29: ______

Hosea 11,3–4: ______

Jesaja 49,15: ______

Offenbarung 21,4: ______

Jesaja 46,3–4: ______

Hosea 13,8: ______

Matthäus 13,33: ______

Lukas 15,8–10: ______

Schlage die angegebenen Bibelstellen nach und trage ein, welches weibliche Gottesbild hier jeweils aufgezeigt wird – Gott als …
Male bzw. zeichne ein Bild zu der Stelle, die dir am besten gefällt.

Vergleich der Weltreligionen

Lehrplanbezug: **Fernöstliche Religionen**
Materialien: Kopiervorlage (M19), Stifte
Methoden: Arbeitsblatt in PA ausfüllen, Unterrichtsgespräch, Schreiben, Präsentation vor der Klasse

Verlauf der Stunde

Für diese Stunde benötigen die Schüler Kenntnisse über die großen Weltreligionen.

Teilen sie das Arbeitsblatt aus. Die Schüler füllen zuerst die Tabelle in Partnerarbeit aus, die Ergebnisse werden besprochen. Daran kann sich ein Unterrichtsgespräch über den Sinn von Religion anschließen. Die Schüler können ein Gespräch zwischen Mitgliedern der verschiedenen Religionen über ihren Glauben schreiben und vor der Klasse vortragen.

Lösungen:

- *Alkoholverbot:* Alkohol ist nur im Christentum und Judentum erlaubt.
- *Wiedergeburt:* Hindus und Buddhisten glauben an eine Wiedergeburt.
- *Glaube an einen Gott:* Bei Christen, Juden und Muslimen.
- *Glaube an viele Götter:* Hindus glauben an viele Götter als Erscheinungsform des einen Gottes.
- *Glaube an ein Leben nach dem Tod:* Alle glauben an ein Leben nach dem Tod, im Hinduismus und Buddhismus gibt es unterschiedliche Aussagen über das Jenseits und die Wiedergeburt.
- *Ziel ist es, den Egoismus zu überwinden:* Alle Religionen sehen ein rein egoistisches Leben nicht als sinnvoll an.
- *Antwort auf die Frage nach dem Sinn des Lebens:* Alle wollen eine Antwort auf die Frage nach dem Sinn des Lebens bieten.
- *Dankbarkeit:* Alle halten zur Dankbarkeit an, denn sie verleiht dem Leben Sinn.
- *Zehn Gebote:* Diese finden sich im Christentum und Judentum, im Koran verstreut (außer dem Sabbatgebot und dem Namensmissbrauch), im Buddhismus finden sich die Gebote: nicht töten, stehlen, lügen, ehebrechen, der Hinduismus kennt ähnliche Regeln.
- *Heilige Schriften:* Die Christen haben als Heilige Schrift die Bibel, die Juden den Tanach, die Muslime den Koran, die Hindus die Shruti, wozu die Veden gehören, und die Smriti, die Buddhisten den Pali-Kanon.
- *Religionsstifter:* Jesus als Gottessohn (Christentum), Mose (Judentum) und Mohammed (Islam) als Propheten, der Hinduismus kennt viele Gründer, Siddharta Gautama gründete den Buddhismus.

M19 Vergleich der Weltreligionen

	Christentum	Judentum	Islam	Hinduismus	Buddhismus
Alkoholverbot					
Wiedergeburt					
Glaube an einen Gott					
Glaube an viele Götter					
Glaube an ein Leben nach dem Tod					
Ziel ist es, den Egoismus zu überwinden					
Antwort auf die Frage nach dem Sinn des Lebens					
Dankbarkeit					
Zehn Gebote					
Heilige Schriften					
Religionsstifter					

Kreuze an und/oder fülle aus.
Verfasse ein Gespräch zwischen Mitgliedern der Religionen über ihren Glauben.
Wo sind Unterschiede, wo Berührungspunkte?

Vergleich Jesus - Buddha

Lehrplanbezug: **Fernöstliche Religionen**
Materialien: Kopiervorlage (M20), Hefte oder Blätter, Stifte
Methoden: Arbeitsblatt in EA ausfüllen, Unterrichtsgespräch, Schreiben

Verlauf der Stunde

Diese Stunde setzt Kenntnisse über den Buddhismus voraus.

Die Schüler bearbeiten das Arbeitsblatt in Einzelarbeit. Die Ergebnisse sollten im Plenum besprochen und ggf. korrigiert werden. Aus den Angaben können die Schüler einen Lebenslauf des Buddha schreiben. Sinnvoll ist ein Gespräch darüber, was den Schülern an beiden Religionsstiftern gefällt oder missfällt, wo Unterschiede und Gemeinsamkeiten sind. Beide wollen den Egoismus überwinden, haben aber verschiedene Konzepte. Buddha will den Lebensdurst überwinden, Jesus wendet sich den Mitmenschen zu und glaubt an Gott, seinen Vater.

Lösungen:

Jesus
War Sohn eines Zimmermanns | starb als junger Mann | zog mit einer Jüngerschar umher | lehrte in der Bergpredigt Regeln für das Zusammenleben von Menschen | Verzicht auf Rache und Feindesliebe | Vaterunser | heilte am Sabbat | nicht stehlen, nicht unkeusch leben, nicht lügen, nicht töten | Sohn Gottes | suchte Antworten auf die Frage nach dem Sinn des Lebens | Doppelgebot der Liebe | wollte den Egoismus überwinden

Buddha
Fand Erleuchtung unter einem Baum | verbrachte seine Kindheit abgeschirmt von Leid und Not | suchte Antworten auf die Frage nach dem Leid | wandte sich vom Weg der Askese ab | starb hochbetagt an einer Lebensmittelvergiftung | verließ Frau und Kind | zog mit einer Jüngerschar umher | verkündete die vier edlen Wahrheiten | lehrte den achtfachen Pfad | bestimmte, dass sein Sohn Mönch werden soll | glaubte an die Wiedergeburt | nicht stehlen, nicht unkeusch leben, nicht lügen, nicht töten | kein Alkohol | gründete eine Religion ohne Gott | glaubte, dass alles Leiden von der Gier nach Leben kommt | wollte den Lebensdurst überwinden | suchte Antworten auf die Frage nach dem Sinn des Lebens | wollte den Egoismus überwinden

M 20 Vergleich Jesus – Buddha

Ordne die Aussagen richtig zu. Manche passen zu beiden.
Schreibe einen Lebenslauf Buddhas.

Fand Erleuchtung unter einem Baum | verbrachte seine Kindheit abgeschirmt von Leid und Not | suchte Antworten auf die Frage nach dem Leid | wandte sich vom Weg der Askese ab | war Sohn eines Zimmermanns | starb als junger Mann | starb hochbetagt an einer Lebensmittelvergiftung | verließ Frau und Kind | zog mit einer Jüngerschar umher | verkündete die vier edlen Wahrheiten | lehrte den achtfachen Pfad | lehrte in der Bergpredigt Regeln für das Zusammenleben von Menschen | Verzicht auf Rache und Feindesliebe | Vaterunser | heilte am Sabbat | bestimmte, dass sein Sohn Mönch werden soll | glaubte an die Wiedergeburt | nicht stehlen, nicht unkeusch leben, nicht lügen, nicht töten | kein Alkohol | gründete eine Religion ohne Gott | glaubte, dass alles Leiden von der Gier nach Leben kommt | wollte den Lebensdurst überwinden | Sohn Gottes | suchte Antworten auf die Frage nach dem Sinn des Lebens | Doppelgebot der Liebe | wollte den Egoismus überwinden

Jesus	Buddha

Mein Weg in die Sekte/aus der Sekte: Geschichten schreiben

Lehrplanbezug: **Sekten**
Materialien: Hefte, Stifte
Methoden: Schreiben

Verlauf der Stunde

Diese Stunde setzt Kenntnisse über mindestens eine Sekte voraus (z. B. die Psychogruppe Scientology, die synkretistische Neureligion der Mormonen oder die fundamentalistische Bewegung der Salafisten).

Die Schüler schreiben darüber, was an einer Sekte anziehend ist, wie man hineingeraten kann und mit welchen Konsequenzen man die Sekte verlässt.

Anschließend werden die Geschichten im Plenum verglichen. Bleibt noch Zeit, können sie illustriert werden.

Okkultismus auf Plakaten

Lehrplanbezug: **Okkultismus**
Materialien: Weiße Blätter A3 oder A4, Stifte
Methoden: In GA malen/zeichnen

Verlauf der Stunde

Die Stunde setzt Kenntnisse über den Okkultismus (Magie, Aberglaube und Spiritismus – Gläserrücken, Pendeln, Geisterbeschwören, Astrologie, Satanismus, Verschwörungstheorien …) voraus.

Die Lehrkraft besorgt weiße Blätter in A3, A4 wäre auch möglich. Die Schüler arbeiten in Gruppen von 2–4 Schülern. Entweder sie teilen das Blatt und malen zwei Plakate – eines für, eines gegen Okkultismus – oder zeichnen Werbung und Gefahren in einem Plakat. Anschließend stellen sie ihre Plakate im Plenum vor. Sie können im Klassenzimmer aufgehängt werden. Die Gefahren okkulter Praktiken sollten in jedem Fall deutlich gemacht werden.

Wer früh fertig ist, schreibt eine kurze Geschichte zum Okkultismus – z. B. will eine Mutter ihre Tochter mit verschiedenen Argumenten dazu überreden, mit okkulten Praktiken (beispielsweise der Nutzung eines Ouijabretts) aufzuhören.

Meine Lebenswünsche und Ziele

Lehrplanbezug: **Meine Lebenswünsche und Ziele**
Materialien: Weiße Blätter A4, Stifte
Methoden: Zeichnen und Malen

Verlauf der Stunde

Die Schüler überlegen, welche Lebenswünsche und Ziele sie haben. Sie gestalten diese Lebenswünsche und Ziele auf einem weißen Blatt. Sie können zeichnen oder auch farbig gestalten. Die Bilder können anschließend im Klassenzimmer aufgehängt werden.

Wer früh fertig ist, gestaltet ein zweites Bild für seine beste Freundin, den großen Bruder …

Ein Lebensmotto zeichnen[1]

Lehrplanbezug: **Tod**
Materialien: Weiße Blätter A4, Stifte, evtl. Bibeln und Gesangbücher
Methoden: Zeichnen und Malen

Verlauf der Stunde

Zum Leben gehört der Tod und umgekehrt. Unter welcher Prämisse will ich leben? Die Schüler zeichnen oder malen einen Gegenstand mit einem Lebensmotto, z. B. einen Jahrsabschlussstein, der das Motto des letzten Jahres wiederspiegelt. Vorher sollte besprochen werden, was ein Motto sein kann, z. B.:

- Träume nicht dein Leben, lebe deinen Traum
- Liebe ist alles
- Erfreue dich auch der kleinen Dinge
- Denke kreativ
- no risk, no fun
- don't dream it, do it
- Lachen ist gesund

Es kann auch ein Bibelvers (z. B. aus den Psalmen) oder ein Vers aus dem Gesangbuch gestaltet werden.

[1] Methode der Apakt.

Lebensweg zeichnen

Lehrplanbezug: **Tod**
Materialien: Weiße Blätter A4, Stifte
Methoden: Zeichnen und Malen

Verlauf der Stunde

Leben und Tod gehören zusammen. Die Schüler zeichnen oder malen ihren individuellen Lebensweg, den sie bereits beschritten haben und den sie in der Zukunft beschreiten möchten. Es entstehen sicher ganz unterschiedliche Vorstellungen davon, wie ihr Leben aussehen soll, die verglichen werden können.

Am Ende des Lebenswegs steht bei jedem der Tod. Wie stellen sich die Schüler den Tod vor? Ein Gespräch über unterschiedliche Todesvorstellungen kann sich anschließen: Wiedergeburt, Totengericht, Unterwelt, Auferstehung …

Geschichten zum Verzicht auf Rache und zur Feindesliebe schreiben

Lehrplanbezug: **Ziele und Ideale im Gemeinschaftsleben**
Materialien: Hefte, Stifte, Bibeln
Methoden: Schreiben

Verlauf der Stunde

Die Schüler übertragen wichtige Regeln der Bergpredigt (Mt 5–7) – *Verzicht auf Rache und Feindesliebe* – durch das Schreiben von Geschichten, bei denen die Hauptakteure Jugendliche in ihrem Alter sein sollten, in ihr eigenes Leben. Es können auch weitere Regeln ausgewählt werden: die Goldene Regel, die Seligpreisungen. Da jeder immer wieder Konflikte erlebt, sind Ideen für die Geschichten recht schnell zu finden.

Die Geschichten werden vor der Klasse vorgetragen. Wer früh fertig ist, kann sich eine weitere kurze (!) Geschichte ausdenken.

(→ s. auch Die Bergpredigt untersuchen, S. 35 f.)

Plakate zu sozialer Gerechtigkeit und Umweltschutz

Lehrplanbezug: **Mitverantwortung in der Gesellschaft übernehmen**
Materialien: Weiße Blätter A3 oder A4, Stifte
Methoden: Zeichnen und Malen in GA, Präsentation vor der Klasse, Unterrichtsgespräch

Verlauf der Stunde

Die Schüler entwerfen in 2er–4er-Gruppen Plakate zu den Themen *soziale Gerechtigkeit* oder *Umweltschutz.* Sie können dabei entweder allgemein zum Thema arbeiten oder einen speziellen Aspekt beleuchten, z. B. Flüchtlingsbewegungen nach Deutschland, erneuerbare Energien … Wenn Ihre Schule die unterrichtliche Nutzung von Smartphones erlaubt, können damit im Internet ggf. kurze Recherchen zum jeweiligen Thema durchgeführt werden.

Dann werden die Plakate im Plenum vorgestellt. Es kann sich ein Unterrichtsgespräch darüber anschließen, was der Einzelne tun kann.

Das christliche Menschenbild in Beispielen

Lehrplanbezug: **Ich übernehme Verantwortung für mein Leben**
Materialien: Hefte oder Blätter, Stifte
Methoden: Schreiben, Präsentation vor der Klasse, Unterrichtsgespräch

Verlauf der Stunde

Nach dem christlichen Menschenbild wurzelt die Würde des Menschen in der Gottesebenbildlichkeit. Jeder ist von Gott so wie er oder sie ist angenommen. Medizinisch und gesellschaftlich herrscht häufig das Streben nach dem Maximum des Menschen und seines Körpers vor. Was ist aber mit einem behinderten Kind, einem kranken oder alten Menschen? Der Mensch wird leicht nach seinem Nutzen beurteilt.

Die Schüler sollen sich Beispiele überlegen, die die Würde des Menschen unabhängig von seinem Nutzen beschreiben. Die Beispiele werden vor der Klasse vorgetragen und verglichen. Es kann sich ein Gespräch über ethisches Handeln und soziale Solidarität anschließen.

Werte und Normen in Beispielen

Lehrplanbezug: **Werte und Normen, Gewissen**
Materialien: Hefte oder Blätter, Stifte
Methoden: Schreiben

Verlauf der Stunde

Was sind Werte und Normen und warum sind diese wichtig? Die Schüler überlegen sich Beispiele aus ihrer Lebenswelt zum Lügen und zum Stehlen. Daran beurteilen sie, was guten Werten und Normen entspricht und was nicht. Hier heißt es also: normalerweise nicht lügen und nicht stehlen. Aber manchmal kann eine Lüge oder ein Diebstahl auch sinnvoll sein, wenn dadurch z. B. ein Leben gerettet werden kann. Eine differenzierte Betrachtungsweise und die Reflexion von fremden und eigenen Handlungen sind essenziell.

Normen sind z. B. die Zehn Gebote, die Bergpredigt, Menschenrechte. Regeln, nach denen man entscheiden kann, sind die Goldene Regel (behandle andere so, wie du von ihnen behandelt werden willst) oder der kategorische Imperativ (handle nur nach derjenigen Maxime, durch die du zugleich wollen kannst, dass sie ein allgemeines Gesetz werde).

Die Beispiele werden vor der Klasse vorgetragen und beurteilt.

Geschichten zu Anpassung und Widerstand

Lehrplanbezug: **Kirche in der Welt**
Materialien: Hefte oder Blätter, Stifte
Methoden: Schreiben

Verlauf der Stunde

Die Kirche und ihre Mitglieder schweben niemals nur im spirituellen Raum, sie sind Teil der Welt und handeln in der Welt. Es wird immer schwierige Situationen geben, in denen die Kirche und jeder Einzelne Entscheidungen über ihr Handeln treffen müssen. Im Dritten Reich waren es beispielsweise eher Einzelne wie Dietrich Bonhoeffer oder Marga Meusel, die ihre Stimmen gegen das Naziregime erhoben. Viele andere schwiegen dagegen.

Die Schüler erfinden Beispiele zu Anpassung und Widerstand. Diese Beispiele können sich entweder auf historische Ereignisse (z. B. die Christenverfolgung im alten Rom) beziehen oder aus der unmittelbaren Lebenswelt der Schüler (z. B. Mobbing) stammen. Welche Wahl wird angesichts einer herausfordernden Situation getroffen?

Die Geschichten werden vor dem Plenum vorgetragen und besprochen. Wie hätten sich die anderen in den jeweiligen Situationen verhalten?

Eine Bibelstelle tiefenpsychologisch interpretieren

Lehrplanbezug: **Bibel**
Materialien: Hefte oder Blätter, Stifte, Bibeln
Methoden: Schreiben

Verlauf der Stunde

Zur Deutung empfehlen sich folgende Bibelstellen:

Matthäus 9,27–34: Die Heilung zweier Blinder und eines Stummen
Matthäus 9,1–8: Die Heilung eines Gelähmten
Lukas 5,17–26: Die Heilung eines Gelähmten
Lukas 13,10–17: Die Heilung einer verkrümmten Frau am Sabbat
Lukas 6,6–11: Die Heilung eines Mannes am Sabbat

Die Bibelstellen können arbeitsteilig vergeben werden. Die Schüler sollen sich Geschichten ausdenken, die hinter den Heilungserzählungen stecken könnten. Hierbei gehen sie davon aus, dass ein psychologisches Problem bzw. psychologische Probleme die Ursache für die Leiden sind, z. B.: Warum ist die Frau verkrümmt? (Viel Arbeit, viele Geburten, Missachtung …) Warum hat der Mann eine verdorrte Hand, sind Menschen blind oder gelähmt? So finden sie einen möglichen Zugang zu den Geschichten.

Lob der Schöpfung nach Psalm 8

Lehrplanbezug: **Glaube und Naturwissenschaft**
Materialien: Hefte oder Blätter, Stifte, Bibeln
Methoden: Schreiben

Verlauf der Stunde

Die Schüler lesen Psalm 8, der von der Offenbarung der Herrlichkeit Gottes am Menschen spricht. In diesem Text preist David Gott für seine Schöpfung. Er staunt über den Himmel, den Mond und die Sterne. Er hebt die besondere Stellung des Menschen innerhalb der Schöpfung hervor: Gott hat ihn wenig niedriger als sich selbst gemacht und ihm die Verantwortung über alle Tiere an Land, am Himmel und im Wasser übertragen.

Ihr Arbeitsauftrag:
Schreibe den Psalm weiter, indem du eigene Gedanken zum Lob der Schöpfung anfügst.

Alternativ: Greife Gedanken des Psalms auf und schreibe ein eigenes Lob der Schöpfung.

Die Texte können dann im Plenum vorgetragen und verglichen werden. Je nach verbleibender Zeit können sie ggf. noch illustriert werden.